# „Ein Anzug aus Strom"

Robert Feustel

# „Ein Anzug aus Strom"

## LSD, Kybernetik und die psychedelische Revolution

Robert Feustel
Universität Leipzig
Leipzig, Deutschland

ISBN 978-3-658-09574-1          ISBN 978-3-658-09575-8 (eBook)
DOI 10.1007/978-3-658-09575-8

Die Deutsche Nationalbibliothek verzeichnet diese Publikation in der Deutschen Natio-nalbibliografie; detaillierte bibliografische Daten sind im Internet über http://dnb.d-nb.de abrufbar.

Springer VS
© Springer Fachmedien Wiesbaden 2015

*Lektorat*: Cori Antonia Mackrodt

Gedruckt auf säurefreiem und chlorfrei gebleichtem Papier.

Springer Fachmedien Wiesbaden GmbH ist Teil der Fachverlagsgruppe Springer Science+ Business Media
(www.springer.com)

# Inhaltsverzeichnis

# Superhelden!

*Eines Nachts in Mexiko [. . . ] nahm ich etwas Acid und
warf das I Ging. Und das I Ging – das Großartige am I
Ging ist, dass es dir keine Valentinstags-Grüße schickt:
es knallt dir einen vor den Latz, wenn du's brauchst –,
und mir hat es gesagt, dass wir am Ende von etwas
angelangt sind, dass wir nicht mehr vorwärtskommen
und dass es Zeit für eine neue Richtung ist – und da bin
ich aus dem Haus gegangen, und draußen gab's gerade
ein Sommergewitter, rund um mich schossen die Blitze
herunter. Ich hob die Arme, und ein Blitz zuckte auf, und
mit einem Mal hatte ich eine zweite Haut – aus Blitzen,
aus Elektrizität, es war wie ein Anzug aus Strom, und da
wusste ich, dass es in uns steckt, Superhelden zu sein, und
dass wir Superhelden werden können. Superhelden oder
gar nichts.*
Ken Kesey

Mitte der 1990er Jahre ist Timothy Leary ergraut, etwas zittrig, mit einem Wort:
alt.[1] Aber nicht müde. Noch immer predigt er eine neue, ganz andere und viel
bessere Welt, die vor uns stehe, so nah und dennoch nicht erreichbar. Während
er früher in einem bewegten Leben den Schlüssel zu dieser neuen Welt im LSD,
in *der* Droge schlechthin, sah, sind es nun kalte Rechenmaschinen, die den Weg
bahnen sollen. Ihnen fehlt zwar das ästhetische Moment, die Schönheit eines LSD-
Rauschs, ihr Nutzen scheint dennoch ähnlich: Mit ihnen und ihrem *Cyberspace*,
der virtuellen Welt, könnte es gelingen, die alten Charaktermasken des Individuums, die nur Vereinzelung, Neid, Missgunst und Krieg provoziert haben, zu
überwinden und in ein neues Zeitalter vorzustoßen. Was für Leary in den 1960er
Jahren LSD war, sind nun Prozessoren, Datenträger, Bildschirme und vor allem

---

[1] Egal, welche Form gewählt wurde, es sind immer alle Geschlechter gemeint.

© Springer Fachmedien Wiesbaden 2015
R. Feustel, *„Ein Anzug aus Strom"*, DOI 10.1007/978-3-658-09575-8_1

die zu erahnende Möglichkeit, das eigene Bewusstsein aus dem engen Gehäuse des Kopfes zu befreien.

Leary, ehemaliger Psychiatrie-Professor in Harvard und zur Zeit von *Counterculture* und *Flower Power* die wohl bekannteste Persönlichkeit der US-amerikanischen Protestbewegung, träumt vom Upload. Die LSD-Euphorie hatte da längst das Zeitliche gesegnet, und der Rausch hatte sich in weiten Teilen einer angepassten Kultur der Selbstoptimierung untergeordnet. Am Ende des 20. Jahrhunderts träumt er dennoch weiterhin von der Entgrenzung des Menschen, von seiner Überwindung und von einem „Homo sapiens cyberneticus" als „Vorbild für das 21. Jahrhundert".[2] Ein kybernetischer Mensch also, der das alte Ich von Sozialisation und Erziehung, von Beruf und Alltag, von Freizeit und Urlaub endlich hinter sich gelassen haben wird. Mithilfe von Digitalisierung und Cyberspace öffnen sich, hofft Leary noch am Ende seiner Tage, völlig neue Sphären, die zeigen und erfahrbar werden lassen, wie überholt, wie alt das Denken von Subjekten und Individuen, von Ich und den Anderen, von Familie und Gesellschaft sei. Stattdessen fließen Informationen ungehemmt und losgelöst von den traditionellen, scheinbar unüberwindlichen Grenzen des singulären Bewusstseins.

All das hat nur noch am Rand mit Drogen zu tun; nur dann, wenn Leary von einer nicht weiter ausgeführten „New Generation of Brain-Drug Research" spricht,[3] wenn sich eine progressive Psychopharmakologie zur Digitalisierung gesellt. Die Frage wäre also berechtigt, warum Learys Phantasien eines Cyberspace, der den Menschen digitalisiert und damit seiner Körperlichkeit enthebt, hier den prominenten ersten Absatz in Beschlag nehmen darf. Schließlich entspringen sie einem technischen Setting, das zum Höchststand der LSD-Welle bestenfalls in futuristischen Gedanken oder mathematischen Theorien zu erahnen war. Die begriffliche Zuspitzung auf einen Homo sapiens cyberneticus findet sich zwar tatsächlich in einem Text, der Mitte der 1990er Jahre verfasst wurde und damit vom Hype um neue Techniken und die endlosen Weiten des Internets beeinflusst worden sein dürfte. Dennoch bündeln diese drei Wörter ein Denken, das länger schon zirkuliert und ein anderes Verständnis der psychedelischen 1960er Jahre hervorruft. Diese Formulierung bringt – mit Verzögerung freilich – eine Vorstellungswelt auf den Begriff, die bereits einige Jahrzehnte zuvor aufschien, als die Droge die Welt zu ändern versprach. Der kybernetische Mensch verlieh der psychedelischen Entrückung, mindestens in Teilen, seine Bedeutung. Dem gleichen oder einem sehr ähnlichen Durchbruch zu völlig neuen Ufern, den Leary mithilfe des Computers kommen sah oder herbeisehnte, war er also mehr als 30 Jahre zuvor schon auf der Spur.

---

[2] Leary (2000, S. 95).
[3] Ebd., S. 88.

Zu jenem Zeitpunkt, als diese Generation auf der Suche nach einem neuen, bestenfalls psychedelischen Leben war, hatte der Stoff LSD, ein Extrakt aus dem Mutterkornpilz, bereits eine längere, aufregende Reise hinter sich. Nachdem er 1943 in den Labors der Schweizer Pharmafirma Sandoz zufällig entdeckt und erstmals getestet wurde, fand er vor allem in den 1950er Jahren seinen ersten Bestimmungsort in Psychiatrie und Psychotherapie, ehe LSD nachdrücklich als Droge für Wirbel sorgte. Es scheint, als habe eine ganze Generation genau darauf gewartet: Ein „Sakrament", das zunächst alles durcheinanderbringt und dann eine völlig neue, schöne Ordnung erkennen lässt. Der Stoff ist zugleich das Aushängeschild unterschiedlicher halluzinogener Drogen wie Meskalin und Psilocybin. Weil LSD rein und in kleinsten Mengen wirksam ist, steht es symbolisch für das Spektakel psychedelischer Reisen. Es weist, so die Tonlage der Zeit, den Weg zu einem spirituellen, von Grund auf anderen Leben, weit weg von klassischer, bürgerlicher Sozialisation. Derselbe Weg wäre ohne LSD lang und beschwerlich. Die unvergleichliche Erfahrung eines LSD-Trips jedoch wirkt für viele wie eine Abkürzung oder ein Katalysator. An der chemischen Substanz hängt die Hoffnung, aus dem Tal der gescheiterten Moderne herauszufinden.

Das überlieferte Bild dieser Generation hippiesker, von LSD verzauberter Menschen der rauschaffinen 1960er Jahre hat auf den ersten Blick wenig mit Kybernetik zu tun. Ihre dem Klischee nach von LSD entfachte Kultur setzt sich aus (freier) Liebe, Naturverbundenheit und einem Gefühl der Gemeinschaft zusammen. Slogans wie „all you need is love" (The Beatles) oder „be sure to wear flowers in your hair" (Scott McKanzie) hallen bis heute nach. In der idealtypischen Figur des Hippies – so umstritten dies mittlerweile sein mag – verdichten sich diese vielkolportierten Merkmale. Sehr prägnant beschrieb etwa das *Time Magazine* im Jahr 1967 den nach San Francisco abgewanderten Hipster, der jetzt als Blumenkind, als Hippie, ein anderes Leben anstrebt: „Dreh dein eigenes Ding, wo und wann du willst", heißt es dort. „Steig aus. Lass die Gesellschaft, so wie du sie kanntest, vollkommen hinter dir. Verändere das Denken jedes aufrechten Menschen, den du erreichen kannst. Verführe sie, wenn nicht zu Drogen, dann zu Schönheit, Liebe, Aufrichtigkeit und Spaß."[4] Der hier beschriebene Ausstieg aus der bürgerlichen Arbeitsgesellschaft, das „drop out", gilt gemeinhin als unmittelbare Folge psychedelischer Erfahrungen, welche die Belanglosigkeit und Einfalt des Spießerlebens offenlegen und schlagartig direkte Einblicke in eine ganz andere Welt ermöglichen. Die Geschichte der Droge ist die Geschichte einer versuchten Revolution. In deren Zentrum steht ein Mensch, der sein Ego hinter sich und die liebende Gemeinschaft

---

[4] Time Magazine (7. Juli 1967). Die deutschen Übersetzungen englischer Passagen sind eigene, wenn nicht anders angegeben.

an sich herangelassen hat. „Die Hippiephilosophie ist positiv und voller Liebe, et-
was das in unserer Welt schmerzlich fehlt." Ihre „Grundwerte" sind „umfassende
Liebe, Gewaltlosigkeit, Überwindung von Spielchen, Normen, und Gegensätzen,
Änderung von Selbst und Bewußtsein".[5]

Die Tendenz, komplett aussteigen zu wollen, ist zugleich älteren Datums. Die
berühmten Beats und die aus ihnen hervorgehende Bewegung der Hipster hatten
bereits in den späten 1940er und frühen 1950er Jahren den „Rausch des Fahrens"[6]
entdeckt und versucht, die puritanische Kälte der Nachkriegsgesellschaft hinter
sich zu lassen. Die Bezeichnung Hippie, einst abwertend für ein billiges Hipster-
imitat verwendet, erlebte in den 1960er Jahren schließlich einen Akt performativer
Umwertung und affizierte eine ganze Generation. Drogen und Rauscherfahrungen
sind damit bekanntlich eng verbunden. Das typische Bild dieses (zumeist) von LSD
berauschten Hippies erzählt von einer Bewusstseinserweiterung, wie sie Aldous
Huxley in seinen *Pforten der Wahrnehmung* bereits einige Jahre zuvor beschrieben
hatte,[7] die dem Menschen neue Räume öffnet und alte Muster des eingeschränk-
ten Egos zu den Akten legt. Über allem strahlt der Begriff der Freiheit, die sich
auf das Individuum, seine Liebes- und Selbstbeziehungen genauso gelegt zu haben schien wie auf Kollektive und Gruppen. Allen Zwang hinter sich zu lassen,
war die Verheißung eines ganzen Jahrzehnts; und sie stand, so die übliche Lesart,
in grundsätzlicher Opposition zu Staat, Struktur und Technik. „Seit den 1960er
Jahren wird die counterculture [. . .] von Wissenschaftlern und in öffentlichen Debatten als gegensätzlich zu Technologien und zu sozialen Strukturen verstanden,
die den Staat des Kalten Kriegs und seine Verteidigung ausstattete."[8] Der „drop
out" scheint umfassend, keine Spielerei mit Kreativität oder zeitweiser Ekstase.
Und die Konsequenz ist radikal: Alles anders, alles neu, alles besser.

Es gibt jedoch noch eine andere Geschichte, die gleichfalls um das Bild des psychedelisch befreiten Menschen in den 1950er und vor allem 1960er Jahren kreist
und dem Leary deutlich später eine treffliche Zuspitzung zuteil werden lässt. Diese
Geschichte hat weniger mit Blumen, Liebe und Freiheit zu tun. Viel zentraler sind
Netzwerke, Computer, Feedbacks, Strom, Information, Anpassung und die neue
Wissenschaft der Kybernetik. Der Dresdner Filmemacher Lutz Dammbeck hat mit
seiner Dokumentation *Das Netz* aus dem Jahr 2004 bereits auf bisweilen eigen-
tümliche Verbindungen zwischen psychedelischer Kultur und Flower Power auf
der einen Seite und der Entstehung der ersten Computernetzwerke auf der ande-

---

[5] Mileahed (2014).
[6] Kohtes und Ritzmann (1987, S. 5).
[7] Vgl. Huxley (2010/1954).
[8] Turner (2006, S. 3).

ren aufmerksam gemacht. Dammbecks Film zeigt, dass zwischen Haight Ashbury, dem Epizentrum der Blumenkinderkultur in San Francisco, und dem sogenannten Silicon Valley enge Verbindungen bzw. einige auffällige personelle Überschneidungen bestanden. Das von Dammbeck sichtbar gemachte Netz der neuen, von LSD *und* Computern berauschten oder beeinflussten Avantgarde zieht sich bis New York bzw. überzieht – vielleicht eher unauffällig – den ganzen Kontinent, jedenfalls im Kreis intellektueller Eliten. Die Dokumentation liefert erste Hinweise, dass die zunächst unstrittig erscheinende Verknüpfung der Begriffe Freiheit, Liebe, Flower Power mit den Hippies der 1960er Jahre und vor allem mit der Droge LSD ungewiss ist.

Das, was Leary viel später auf den Homo sapiens cyberneticus eindampft, durchwandert also die Geschichte des LSD und seiner Wirkung schon viel länger – wenngleich beide Geschichten (die bekannte Blumenkindererzählung und jene technisch bzw. kybernetisch untersetzte) ihre Existenzberechtigung haben, weil gerade die Geschichte des Wissens Risse, Dopplungen, Kulminationspunkte und gegenläufige Tendenzen kennt. Der Homo sapiens cyberneticus umreißt dennoch ein zentrales Element, um eine als aufregend und extrem erlebte Drogenerfahrung mit Bedeutung anzureichern. Neben die typisch hippiesken Beschreibungen eines Trips stellt sich also ein Erfahrungsmoment, der den kybernetischen Menschen zum Leben erweckt, oder mindestens kybernetische Denkspiele Realität werden lässt. Das Individuum beobachtet sich im psychedelischen Rausch selbst und öffnet Feedbackschleifen zu den unzähligen, im Gehirn und auf der DNS abgelegten Informationen. Zugleich schließt es sich an den von Informationen strukturierten und durchfluteten Kosmos an und erkennt die zirkuläre Abhängigkeit und die Irrelevanz alter Grenzziehungen. Dieser Moment grandioser Rückkopplung offenbart die Nichtigkeit dessen, was bis dahin als Individuum oder Subjekt die Welt bevölkerte und glaubte, mit seiner singulären und subjektiven Anschauung eine vermeintlich äußere Realität wahrzunehmen. Die Konsequenz daraus ist fundamental: Der Mensch erklimmt einige Sprossen auf der Evolutionsleiter, indem er sich selbst überschreitet. Daraus resultiert ein völlig neues Bild von Mensch und Gesellschaft, die ohne Ich und Ego, Subjekt und das Andere des Subjekts auskommt. „Vielleicht muss man Formen zerstören oder ignorieren, um andere Organisationsebenen zu erkennen", erklärt Jerry Garcia, Leadgitarrist von *Grateful Dead* – der psychedelischen Band der Gegenkultur schlechthin –, im Rückblick auf die 1960er Jahre. „LSD hat sicher eine große Rolle für mich gespielt. Ich glaube, es gibt auch einen elektrischen Stoff wie die Computerkybernetik, der uns an interessante Orte bringen wird und vielleicht dieselbe Wirkung hat wie psychedelische Drogen [...]."[9] LSD und Computer ticken also auf die gleiche Weise, zerschlagen in ihrer Wirkung die alte Maske (*persona*, griechisch: Maske) des Subjekts und offenbaren eine andere, aus Informationen und Informationsflüssen gestrickte Welt. Ken Kesey – einer der berühmten *Merry Pranksters*, die in den 1960er Jahren lange unterwegs sind, um LSD unter die Leute zu bringen – wächst schließlich infolge eines psychedelischen Trips eine „zweite Haut – aus Blitzen, aus Elektrizität, es war wie ein Anzug aus Strom".[10]

Viel radikaler als „love and peace" strukturiert die kybernetische Perspektive, die sich Ende der 1940er Jahre auf den Weg machte, eine andere Ordnung des Wissens zu etablieren, weite Teile der Drogenerfahrungen in den 1960er Jahren. Das informations- und steuerungstechnische Wissen schiebt Denken und Empfinden einer neuronalen Maschine zu und beginnt damit, das Denken ohne den Menschen zu denken. Rechenmaschine und Mensch verarbeiten jeweils nur Informationen, nicht mehr und nicht weniger. Während sich die Computer allerdings rasant entwickeln, blockiert sich der Mensch, so die Grundzüge der Debatten der 1940er und 1950er Jahre, mit seiner verstaubten Philosophie und seinen veralteten Vorstellungen. Am Horizont schließlich scheint ein kybernetisches Wesen auf, das es nicht mehr nötig hat, seine Individualität aufzurichten und gegen andere abzugrenzen. Stattdessen laufen unzählige Feedbackschleifen an, die ein unauflösbares Geflecht aus Informationsflüssen zusammenbinden – fast wie im Film *Matrix* der Wachowski-Geschwister aus dem Jahr 1999, wenn die vermeintliche Realität als Code, als grüne Zahlenkolonnen auf schwarzem Grund in Erscheinung tritt.

Leary, der in den 1960er Jahren in unzähligen Talkshows, Reden und Texten die neue Lehre verkündet, schreibt ganz im Windschatten der Kybernetik: „Elektronische Impulse überziehen den Planeten mit einem immer aktuellen Kommunikationsnetz." Der Mensch ist nicht mehr als eine „angeschlossene Einheit", und „psychedelische Drogen setzen innerlich ein Energie- und Geschwindigkeitsbewußtsein frei, das sich proportional mit den nuklearen und elektronischen Raum/Zeit-Ausdehnungen deckt".[11] Fred Turner hat in seiner sehr lesenswerten Rückschau auf die Zeit und aus einer anderen, eher euphorischen Richtung bereits darauf hingewiesen, dass der „digitale Utopismus" späterer Generationen gleichsam unvermittelt der Counterculture der 1960er Jahre entsprungen sei.[12]

Wenn aber der psychedelische Quantensprung so direkt auf gegebene gesellschaftliche Veränderungen verweist, dann gerät das Bild einer vom LSD getrage-

---

[9] Zitiert in Taylor (1997, S. 282).
[10] Wolfe (2009/1968, S. 47).
[11] Leary (1982/1968, S. 164f.).
[12] Vgl. Turner (2006).

nen gesellschaftskritischen bis revolutionären Bewegung, die mit Liebe und Gemeinschaft alles ändern will, durcheinander. Das überlieferte und ständig wiederholte Bild des Hippies scheint nicht stimmig, und die Zielmarke der Gegenbewegung wird undeutlich. Geht es um Liebe, Gemeinschaft und Freiheit oder um die Anpassung an ein Wirklichkeit gewordenes Informationszeitalter? Das „counter" wird schwammig, wenn es zwischen Abgrenzung und Anpassung oszilliert. Es ist noch nicht ausgemacht, was genau die psychedelische Öffnung des Systems, die Rückkopplung und die Eroberung des Gehirns und seiner Potentiale hervorbringt. Zunächst bereitet der LSD-Rausch das Terrain für eine (vermeintliche) Abkehr von traditionellen Mustern. Schließlich liefert es, so der Duktus der psychedelischen Wortführer, klare, deutliche Einsichten in die neue, erleuchtete Welt. Es öffnet vermeintlich die „Pforten der Wahrnehmung". Einerseits ist der psychedelische Rausch ein Moment der Befreiung vom lästigen Vorstadttheater. Er eröffnet neue Dimensionen jenseits des Bekannten und stiftet „All-Einheit".[13] Gleichzeitig allerdings kommt denselben berauschten Situationen die Aufgabe zu, psychische, neuronale oder genetische Wahrheiten offenzulegen und den Menschen in die veränderten Rahmenbedingungen der Zeit einzupressen. Im Fahrwasser dieser unmissverständlichen Einsichten macht sich immer wieder ein Anpassungsdruck bemerkbar, der oberflächlich einer Befreiungserzählung entgegensteht.

Dass im Rahmen der LSD-Debatten vor allem in den 1960er Jahren auch Möglichkeiten von „mind control" und „re-education", also Gedankenkontrolle und Umerziehung, verhandelt wurden, ist bekannt.[14] Ebenfalls bekannt ist, dass Militär und CIA mit dem Stoff experimentierten, um ihn gegebenenfalls als Waffe einzusetzen – mit mäßigem Erfolg. Dabei entsteht jedoch der Eindruck, als würden zwei eigentlich quer zueinanderliegende Positionen in einer komplexen Gemengelage in Konflikt geraten. Es sieht zunächst so aus, als sei der Nutzen der Droge umkämpft – selbst unter jenen, die unbeeindruckt von der staatlichen Hysterie geblieben waren. Auf der einen Seite kämpfen Hippies und kritische Intellektuelle um ein anderes, freies oder befreites Leben, zu dem die Droge die Tore öffnet. „Drop ACID, Not Bombs" ist der politische Schlachtruf.[15] Auf der anderen Seite erforschen Militär und Geheimdienste einen möglichen manipulativen und kriegerischen Nutzen des Stoffs, der sich anbietet, weil er geruch- und geschmacklos ist und in kleinsten Mengen seine Arbeit verrichtet. Eine so stark wirkende Substanz provoziert zudem

---

[13] Wolfe (2009/1968, S. 180).
[14] Vgl. etwa Amendt (2008).
[15] Acid (Säure) ist ein typischer Szenename für LSD.

die Vermutung, mit ihr die Kontrolle über das Bewusstsein Einzelner oder sogar ganzer Gruppen erlangen zu können.[16]

Einiges weist jedoch darauf hin, dass Kontrolle und Anpassung auf der einen und psychedelische Liebe und Freiheit auf der anderen Seite an die gleiche oder zumindest eine ähnliche kybernetische Erzählung andocken, trotz aller Verwerfungen und Konflikte, bzw. trotz der Tatsache, dass die Auswüchse und die Zielmarken psychedelischer Praxis zwischen Haight Ashbury und den Militär- bzw. Geheimdienstzentralen tatsächlich weit auseinanderliegen. Leary etwa – immerhin lautestes Sprachrohr der Hippies und von Richard Nixon zum „most dangerous man in America"[17] gekührt – begründet seine überaus einflussreichen Schilderungen der neuen Erfahrung mit einer elektronischen Ausdehnung von Raum und Zeit, welche die Welt erfasst habe. Der alte Mensch bleibt träge und behäbig zurück. Er hängt noch immer in den alten Schleifen der Sozialisation und hält die bürgerliche Zweisamkeit, Konsum und Familie für das höchste Glück. Die LSD-Erfahrung könnte ihm schließlich Beine machen und gewissermaßen nebenbei ein anderes, neues Bild von Freiheit und Liebe in die Welt setzen. Die Haut, die streng und unmissverständlich den einen Menschen vom anderen trennt, sei mit einem Anzug aus Strom zu tauschen. Viel relevanter als die alten Metaphern von Haut und Blut sind also Informationen, die durch Raum und Körper pulsieren und alles mit allem in Verbindung bringen. Eine solche Lesart der psychedelischen Erweckung hebelt die schroffe Gegenüberstellung von Counterculture und einer kybernetischen (Staats-)Maschine aus. Dass sich das (befreite) Informationsbündel oder der Informationsknoten namens Mensch dann kontrollieren, manipulieren und vielleicht sogar steuern lässt, ist nur noch folgerichtig. Anpassung und Kontrolle hier und die psychedelische Freiheit dort zerren also nicht unbedingt von zwei Seiten an einer Droge und ringen um die richtige Deutung. Sie sind vielmehr miteinander verwachsen und bauen auf ein gemeinsames Fundament. Die politische Geschichte inklusive Prohibition und Stigmatisierung ist freilich komplexer. Hier geht es jedoch um die psychedelische Revolution und ihr Wissen, um Art und Richtung ihres versuchten Ausbruchs.

Um diese zugespitzte These zu unterfüttern und die LSD-Geschichte zu erweitern, sind einige Umwege nötig.[18] Während der Ausgangspunkt einfach zu finden ist – Albert Hofmanns Entdeckung von LSD 25 –, wird es danach vergleichsweise

---

[16] Vgl. zur militärischen und geheimdienstlichen Verwendung, die im Folgenden keine weitere Rolle spielen wird, u. a. Koch und Wech (2004).

[17] Mansnerus (1. Juni 1996).

[18] Geschichte gibt es eigentlich immer nur im Plural. Die folgende Erzählung betont und überzeichnet – mit dem Ziel, etwas sichtbar zu machen, das mehr ist als nur eine Facette und dennoch nicht die ganze Geschichte; vgl. dazu u. a. White (1994) und Sarasin (2003).

kompliziert. Schließlich ist das geistige Klima vielschichtig, das den Rahmen für *die* LSD-Erfahrung liefert. Es heißt also zunächst, einerseits den Weg des Stoffs selbst nachzuzeichnen, der aus dem Schweizer Labor in die Psychiatrie führt. Von dort schwappt er in die Gegen- und Popkultur. Andererseits bedarf es auch eines genaueren Blicks auf die Entwicklungen der geistigen und kulturellen Konstellation jener Jahre. Sie wird von der Kybernetik, die als experimentelles Spiel beginnt und im alltäglichen Wissen landet, und von der Beatgeneration bestimmt. Letztere wiederum mutiert vom kleinen literarischen Zirkel zum Medienereignis. Es gilt also, drei Episoden – LSD, Kybernetik und Beat – zu erzählen, die zunächst nebeneinander herlaufen, in den frühen 1960er Jahren konvergieren und sich überschneiden. Was sich in diesen Jahren in den USA ausformt und revolutionäre Tendenzen hervorbringt, hat also einen längeren Vorlauf. Die psychedelische Revolution – oder vielmehr der Versuch eines politischen Umbruchs – ist der Kulminationspunkt verschiedener Entwicklungen, die bis in die 1940er Jahre zurückreichen.[19]

Zunächst bricht sich – in weiten Teilen unabhängig vom LSD – eine Aufbruchstimmung Bahn *(Kapitel 1)*. Das Epochenjahr 1945 befeuert an vielen Stellen den Gedanken, etwas grundsätzlich anders oder etwas ganz anderes machen zu müssen, die alten, ausgetretenen Wege zu verlassen. Diese Grundstimmung, die sich in recht unterschiedliche Gewänder kleidet, ist getragen von der Vorstellung, neu denken und handeln zu wollen. Drei Episoden skizzieren diesen frischen Wind. LSD selbst wird nur kurze Zeit nach seiner Entdeckung den vermeintlich festgefahrenen Debatten zur Psyche, zum Wahnsinn und zum Unbewussten neues Leben einhauchen. Mit ihm scheint es möglich, die Struktur des Wahnsinns ebenso zu entziffern wie das Unbewusste. LSD liefere, so die sich ab den 1950er Jahren rasant verbreitende Hoffnung, den Schlüssel, um zum Kern des Denkens, des Wahns und des Bewusstseins vorzudringen. Das „chemical brain" liefert dafür den theoretischen Rahmen. Parallel dazu formiert sich, aus den Mauern der Akademien heraus, ein grundsätzlich und fundamental neues Denken. Diese umfängliche Perspektivverschiebung trägt alsbald den Namen Kybernetik. Der interdisziplinäre Blick auf Informationen, Feedbacks und vor allem Steuerung versucht gleichzeitig, das Denken der klassischen Moderne, das Mensch und Welt, Subjekt und Objekt in strenge Opposition zueinander stellt, als falsch und gefährlich zu entlarven. Auch hier herrscht Optimismus, der darauf basiert, zwar technisch und theoretisch noch

---

[19] Das heißt selbstredend nicht, dass die Geschichte der 1960er Jahre gleichsam zwingend hergeleitet werden kann. Dafür wirbeln zu viele unkontrollierbare Ereignisse die Gesellschaft durcheinander. Dennoch lassen sich Spuren finden, mit deren Hilfe die Deutung prinzipiell kontingenter Ereignisse in bestimmte Bahnen gelenkt wird.

nicht so weit, aber auf jeden Fall auf dem richtigen Weg zu sein. Popularisiert und verschliffen dringt das kybernetische Denken schließlich im Lauf der 1950er und 1960er Jahre in die Alltags- und Popkultur ein und stellt Deutungsangebote bereit, die sich mit der LSD-Erfahrung trefflich verschweißen lassen. Neben diese zwei Passagen des Aufbruchs gesellt sich eine dritte, die zunächst eine ganz andere Färbung hat. Die Beatgeneration, die sich bereits Ende der 1940er auf den Weg macht, hat zunächst wenig bis nichts mit Psychiatrie und Kybernetik zu tun. Das Aufbegehren junger Künstler in einem gesellschaftlichen Klima der Kälte bringt jedoch eine Protestkultur in Gang, die später die psychedelische Revolution tragen wird. Um die Euphorie in Bezug auf LSD verstehen zu können, wird der Weg der Beats nachgezeichnet, die nach und nach durchaus von kybernetischen Gedanken affiziert werden und schließlich auch mit LSD in Berührung kommen.

Etwa Mitte der 1950er Jahre setzen sich alle drei Episoden des Aufbruchs im kulturellen und wissenschaftlichen Wissen fest und stabilisieren sich – auf recht unterschiedliche Weise *(Kapitel 2)*. Aus einem an vielen Stellen undeutlichen Beginn wird ein Durchbruch. Die anfänglich sehr unsicheren, tastenden Versuche mit LSD hinter den verschlossenen Türen der Psychiatrien sedimentieren nun in bestimmten Tendenzen (auch wenn hier bereits die ersten Brüche sichtbar werden) und drängen in Form einer „chemischen Mystik" an die Öffentlichkeit. Aus den hochgradig experimentellen Zirkeln zur Kybernetik erwächst eine ganze Wissenschaft, die nicht ohne Widerspruch bleibt, aber handliche Erklärungen für schlechterdings alles anbietet. Information, Zirkularität und Feedback sickern in alltägliches Wissen ein und beginnen, einen anderen Blick auf die Welt zu provozieren. Diese neue Perspektive nivelliert zugleich den wie in Stein gemeißelten Unterschied zwischen Religion, Gefühl und Rausch auf der einen und Wissenschaft und Objektivität auf der anderen Seite. Gleichzeitig etabliert die Beatgeneration, mehr ungewollt als zielsicher, einen Hipsterkult, der zwischen Kunst und Politik, zwischen Leben und Revolution kaum klare Grenzen, dafür aber sehr weite Kreise zieht.

Dem Durchbruch bzw. der Verfestigung dieser drei Erzählungen folgt ihr Kurzschluss *(Kapitel 3)*. LSD, Kybernetik und Beat finden, ohne Zweifel verschliffen, verfremdet und vielgestaltig, zusammen und treiben eine Bewegung an, welche die Droge LSD zum Sakrament, zum Heiligtum er- bzw. überhöht. Mit ihr scheint der Umbruch möglich und die ganz andere Welt greifbar. In der Gemengelage der 1960er Jahre überschneiden sich psychiatrische Theorien, die in weiten Teilen bereits an ein kybernetisches Wissen anschließen, mit dem radikalen Veränderungsgeist der Beatkultur. Auch personell kreuzen sich einige Wege für einen kurzen Zeitraum: Leary als Psychiater preist die andere Welt gemeinsam mit dem Schriftsteller Allen Ginsberg an, einem alten Beat. Kesey fährt mit Neal Cassedy, ebenfalls ein Beat der ersten Generation, und Stewart Brand, der später den Begriff *personal computer* kreieren wird, im berühmten Bus der Merry Pranksters umher und bewirbt unablässig die Droge und ihre unvergleichlichen Effekte.

Die exzentrischen oder exorbitanten Dimensionen dieses erhofften Umbruchs lassen schon erahnen, dass der Fall schnell und tief sein wird *(Kapitel 4)*. Es dauert nicht lange und die Euphorie bricht in sich zusammen. Sicherlich reibt sich der Protest an den heftig reagierenden Staatsorganen auf. Zugleich jedoch werden intern Brüche sichtbar. Die unüberwindliche Lücke zwischen Erfahrung und Sprache schließt eine halbwegs verständliche Übertragung der anderen, psychedelischen Welt ins Politische oder ins Soziale aus. Die fulminante Überschreitung des Subjekts bleibt unbestimmt und in weiten Teilen unverstanden. Die vermeintlich vom LSD bereitgestellte Wahrheit ist zu umfassend, zu fundamental, um noch Deutungen und unterschiedliche Einschätzungen der Lage zuzulassen. Entweder herrscht „All-Einheit" oder alles geht schief. Die Idee eines Anzugs aus Strom, der dabei hilft, Rückkopplungsschleifen zu erfahren und dabei eine kühle Theorie lebendig und bunt werden zu lassen, scheitert an ihrer Radikalität. Weil der LSD-Rausch das Versprechen bereithält, die Distanz des Subjekts zu sich selbst, zum Anderen und schließlich zur Welt restlos zu überwinden, um in einer wohligen Einheit von Informationsflüssen aufzugehen, muss die Erzählung scheitern. An der Droge hängt die Idee, das zu tilgen, was seit Jacques Lacan „Mangel" oder „Lücke" heißt und was das Subjekt im Sinne einer negativen Ontologie ausmacht. Umso lauter und vehementer *die* Wahrheit angekündigt oder versprochen wird, umso härter ist der Aufschlag. Nicht zufällig scheitert die Kybernetik gleich mit. Auch sie war, jedenfalls in ihrer populärwissenschaftlichen Version, angetreten mit einem umfassenden Anspruch, mit einer neuen Wahrheit, die an der Wirklichkeit bzw. an der Unverfügbarkeit des Realen zerschellen muss.

Im Rückblick überrascht das Scheitern vielleicht weniger als es die Akteure überrascht haben mag. Bislang folgte jeder freudigen und ins Politische kippenden Rauscherzählung, an der eine andere, erleuchtete Welt hing, ein böser Kater – in der alten Welt. Immer wieder zeigt sich die Differenz zwischen Erfahrung und Erkenntnis, zwischen streng subjektiven Erlebnissen und ihrer unmöglichen sprachlichen Verfertigung als unüberwindlich. Der Rausch soll vermeintlich Zugang zum „Realen" gewähren, der Rest, also das Politische wie das Soziale, verbleiben jedoch im Symbolischen.[20] Gerade eine informationstheoretisch gefütterte, allumfassende und restlose Überschreitung des Subjekts also, prallt an der Differenz zwischen Erfahrung und Sprache ab, am Kontrast zwischen individueller Wahrnehmung und dem sprachlich vermittelbaren Sozialen.

---

[20] Vgl. zum Begriff des Realen in Anschluss an Lacan u. a. Cremonini (2007).

Bleibt die Frage, warum es immer noch interessant sein sollte, sich mit einem solchen Thema zu beschäftigen. Schließlich liegt der Hype um LSD bereits einige Jahrzehnte zurück und Hippies muten eher wie unzeitgemäße Relikte an. Allerdings scheint es, als hingen wir immer noch in den Seilen von Achtundsechzig, nur dass die Technik, genauer die Digitalisierung, zumindest partiell aus dem Phantastischen ins Wirkliche gewechselt ist. Genau das hat jedoch nicht dazu geführt, die LSD-Träume letztlich technisch zu realisieren und die Spielchen des Egos oder politische Machenschaften Geschichte werden zu lassen. Vielmehr zeigt sich heute deutlicher denn je, was der Traum einer kybernetischen Maschine im Wesentlichen heißt: Kontrolle, Vorausberechnung, Prävention und eine optimierte Marktforschung. Hans-Christian Dany hat unlängst die Gegenwart der Kybernetik in seinem Buch *Morgen werde ich Idiot. Kybernetik und Kontrollgesellschaft*[21] trefflich eingefangen. Vom Upload des Bewusstseins, vom Verschwinden des alten Individuums ist dagegen nicht viel zu sehen. In gewisser Weise hat der bereits erwähnte Turner recht, wenn er die heutige Cyberculture als direkten Nachfahren der alten Counterculture versteht – nur dass wenig Utopisches erkennbar ist. „Drop out" ist zu „keep on going" mutiert, und Kritik trägt zur Optimierung des Systems bei. Das ist freilich nicht im Sinne der sogenannten Achtundsechziger. Ihr gesellschaftskritischer Diskurs jedoch bringt das eine wie das andere mit: Aufbruch und Revolution hier sowie Anpassung und Kontrolle dort. Es lassen sich also keine Kausalitäten festnageln oder Akteure zur Rechenschaft ziehen – wofür auch immer. Die Aktualität des Themas besteht vielmehr in der Erkenntnis, dass bereits lange vor dem von Ève Chiapello und Luc Boltanski konstatierten „neuen Geist des Kapitalismus" Kritik und Revolution ambivalent waren, dass eine kybernetische Kontroll- und Steuerungsphantasie auf mehr oder weniger verschlungenen Pfaden auch die vom LSD aus der Bahn geworfene Gegenkultur durchgeisterte.[22]

Indirekt deutet sich an, dass in den 1960er Jahren ein informationstheoretisches Wissen seinen Kulminationspunkt erreicht, um anschließend in die Struktur einzusickern. Heute haben sich Information, Feedback und Steuerung tief in die Ordnung des Wissens hineingefressen. Auch wenn die Kybernetik als Begriff und Wissenschaft mehr oder weniger unbekannt ist, hat sie die Gleise ausgelegt, auf denen Teile der psychedelischen Bewegung unterwegs waren und an deren Ende die heutige Informationsgesellschaft das Denken sortiert.

---

[21] Dany (2013).
[22] Boltanski und Chiapello (2006).

# Aufbruch: Macy, Beat und LSD

**2**

Die Geschichte beginnt auf einem Fahrrad. Die Welt wird plötzlich bunt und dreht sich; die Wahrnehmung gerät aus den Fugen. Am 16. April 1943 muss der Schweizer Chemiker Albert Hofmann seine Arbeit im Labor abbrechen, weil ihm schwindelig wird und er Angst hat, die Kontrolle zu verlieren. Er begibt sich umgehend auf den Heimweg, auf dem (so die Erzählung) alles anfängt. Etwas später berichtet Hofmann an seinen Vorgesetzten Professor Arthur Stoll bei der Basler Pharmafirma Sandoz:

> Vergangenen Freitag [...] mußte ich mitten am Nachmittag meine Arbeit im Laboratorium unterbrechen und mich nach Hause begeben, da ich von einer merkwürdigen Unruhe, verbunden mit einem leichten Schwindelgefühl, befallen wurde. Zu Hause legte ich mich nieder und versank in einen nicht unangenehmen rauschartigen Zustand, der sich durch eine äußerst angeregte Phantasie kennzeichnete. Im Dämmerzustand bei geschlossenen Augen – das Tageslicht empfand ich als unangenehm grell – drangen ununterbrochen phantastische Bilder von außerordentlicher Plastizität und mit einem intensiven, kaleidoskopischen Farbenspiel auf mich ein. Nach etwa zwei Stunden verflüchtigte sich dieser Zustand.[1]

Hofmann vermutet, er sei unbeabsichtigt mit einem Extrakt des Mutterkorns in Berührung gekommen; einem Pilz, der bevorzugt auf Getreide wächst. Sein Verdacht bestätigt sich wenige Tage später, als er – nun unter Aufsicht und in vollem Wissen darum, was zu tun sei – 250 Mikrogramm derselben Substanz zu sich nimmt. Die Menge ist das Minimum dessen, was zu dieser Zeit kontrolliert im Labor im Sinne des Selbstversuchs verwendet wird. Die beschriebenen Symptome kehren noch viel stärker als beim ersten Mal zurück, und die Droge Lysergsäurediethylamid, kurz: LSD-25, erblickt das Licht der Welt.

Der Stoff, den Hofmann bereits 1938 erstmals aus dem Mutterkorn gewinnen konnte, ohne sich jedoch seiner Wirkung gewahr zu werden, wird viel Wind ma-

---

[1] Hofmann (1993, S. 27).

© Springer Fachmedien Wiesbaden 2015

R. Feustel, *„Ein Anzug aus Strom"*, DOI 10.1007/978-3-658-09575-8_2

chen. Er wird der US-amerikanischen Gegenkultur, der Counterculture der 1950er
und vor allem 1960er Jahre, zum Sakrament, einigen Wissenschaftlern und Psychologen zum Stoff höchsten Interesses und den staatlichen Behörden zum Gräuel.
LSD wird in Liedern besungen (etwa *Lucy in the Sky with Diamonds* von den
*Beatles*) und von staatlichen Aufklärungsfilmen als Teufelszeug, als das Übel der
Gesellschaft schlechthin, gebrandmarkt. Es wird einer ganzen Generation seinen
Stempel aufdrücken. Hofmann spielt da nur noch eine Nebenrolle. An den Stoff
heften sich vielmehr Phantasien und Erwartungen, Wünsche und Träume, genauso
wie Ängste und Panik, die sich jeweils weit vom Schweizer Labor entfernt haben.
Nicht zufällig spricht Hofmann recht früh von seinem „Sorgenkind", von den Geistern, die er mehr oder weniger zufällig rief und später nicht unter Kontrolle halten
kann.

## Episode I: LSD und die Psyche

Zwei Argumente führen Hofmann recht schnell zur Vermutung, mit LSD-25 einen
für die Psychiatrie interessanten Wirkstoff gefunden zu haben. Einerseits nimmt
er an, dass ältere Forschungen zu Halluzinationen, die in den 1920er Jahren vor
allem mit Meskalin durchgeführt wurden,[2] unter veränderten Rahmenbedingungen zu neuem Leben erweckt werden könnten. Meskalin als natürliche, in Kakteen
vorkommende Droge hatte, so Hofmann, „keine Anwendungsmöglichkeiten [...]
in der Medizin", was, bedingt durch den extrem hohen Wirkungsgrad, auf die
neue Substanz vermutlich nicht zutreffen würde.[3] Zudem bewege sich die „Wirk-
samkeit" von LSD in Dimensionen, „wie sie für im Organismus vorkommende,
für gewisse Geisteskrankheiten verantwortliche Spurenstoffe angenommen wird".[4]
LSD weist also, vermutet Hofmann bereits in den 1940er Jahren, strukturelle Ähnlichkeiten mit körpereigenen Stoffen auf, von denen zu jener Zeit angenommen
wird, dass sie für psychische Symptome verantwortlich zeichnen. Mit LSD könnten sich also spezifische psychische Zustände und Krankheitsbilder künstlich und
auf Zeit herbeiführen und genauer untersuchen lassen. Die aus dem 19. Jahrhundert
stammende Vorstellung einer „Modellpsychose" bekommt neue Nahrung.[5]

Hofmanns frühe Ahnung einer Vergleichbarkeit von LSD und Spurenstoffen,
die für Geisteskrankheiten verantwortlich sein könnten, überschneidet sich mit ei-

---

[2] Vgl. Beringer (1927).
[3] Hofmann (1993, S. 53).
[4] Ebd., S. 45.
[5] Ihren Ausgangspunkt findet diese Idee bei Moreau de Tours (1973/1845) bereits Mitte des
19. Jahrhunderts, auch wenn der Begriff in diesem Zusammenhang nicht auftaucht.

nem neuen Trend in der psychiatrischen bzw. psychotherapeutischen Forschung. Neben maßgeblich von Sigmund Freud geprägte Auffassungen zum Unbewussten tritt ein anderes Konzept, das mit einer Verknüpfung von Psychologie und Neurowissenschaft einhergeht und Ende der 1940er Jahre an Einfluss gewinnt: Die Entdeckung des „chemical brain".[6] Psychische Zustände, so die verdichtete Forschungshypothese jener Jahre, sind möglicherweise vorrangig biochemisch bedingt und könnten mithilfe des neu entdeckten Stoffs zeitweise nachgestellt und analysiert werden. Zugleich steht die Praxistauglichkeit und Effektivität psychotherapeutischer Interventionen zur Diskussion. Trotz weitreichender theoretischer Überlegungen von Freud, C. G. Jung und vielen anderen erscheint das Unbewusste immer noch wenig bis gar nicht greifbar, jedenfalls nicht mit den bis dato üblichen Mitteln: „Das Unbewusste war eine Leerstelle im Zentrum der Psychologie" und seine Erforschung ein „Hoax. Es zu erforschen, war wie Luftblasen in der Mitte des Ozeans zu untersuchen und darüber zu staunen, welche tief liegende Wirklichkeit für das Aufsteigen der Blasen verantwortlich sei."[7] In dieser ernüchternden Situation kommt das neue Mittel LSD zur richtigen Zeit und wird mit der Hoffnung beladen, tatsächlich das U-Boot zu den Tiefen des Unbewussten zu sein. Im Groben sind es also zwei Elemente, die für die schnelle Verbreitung des neuen Stoffs sorgen: einerseits die Aussicht darauf, dem Unbewussten endlich zu Leibe rücken zu können, und andererseits mit dem gleichen Mittel Störungen und Krankheitsbilder imitieren, ergründen und letztlich heilen zu können.

Nachdem Sandoz 1947 damit beginnt, LSD – noch unter dem Namen „Delysid" – zunächst kostenfrei an Pharmakologen und Psychiater auszuliefern, entwickelt sich also schnell ein hohes Interesse an der Substanz. LSD verbreitet Aufbruchstimmung; vielleicht lässt sich psychiatrisches und psychotherapeutisches Forschen auf völlig neue Füße stellen. Wenige Jahre später hat die Forschung bereits massiv vom Stoff Besitz ergriffen, was sich in mehr als 500 wissenschaftlichen Artikeln allein in den 1950er Jahren materialisiert.[8] Bis 1961 werden es sogar mehr als 1000 Forschungsbeiträge, von denen die meisten in englischer Sprache erscheinen. Das Interesse verbreitet sich dennoch international, wie diverse Texte auf Japanisch, Deutsch, Polnisch, Dänisch, Niederländisch, Französisch, Italienisch, Spanisch, Russisch, Schwedisch oder Bulgarisch verdeutlichen.[9]

Ausgangspunkt dieser Hoffnungen ist die Vermutung, dass der LSD-Rausch, anders als ältere Versionen von „Modellpsychosen", nicht nur eine strukturel-

---

[6] Stevens (1988, S. 18).
[7] Ebd., S. 20.
[8] Dyck (2005, S. 382).
[9] Ebd., S. 383.

le Analogie zum Wahnsinn darstellt und damit etwa der Schizophrenie ähnlich ist. Vielmehr führt der enorme Wirkungsgrad zur Vorstellung, dass der Stoff das Krankheitsbild real, biochemisch nachbildet. Während vorangegangene Versuche, mit Drogen wahnsinnige Zustände hervorzurufen, auf die Abwesenheit von Vernunft und rationaler Erkenntnis abstellten, also auf eine vage Vergleichbarkeit, verbreitet sich nun die Vorstellung, der LSD-Rausch sei wirklich weil biochemisch ein wahnsinniger Zustand. Der Artikel *Experimental Schizophrenia-Like Symptoms* aus dem *American Journal of Psychiatry* von 1952 fasst die Ergebnisse der ersten knapp fünf Jahre LSD-Forschung zusammen:

> Wir registrierten überwiegend Veränderungen, die jenen schizophrener Patienten ähnlich waren. Die Probanden zeigten deutliche Schwierigkeiten beim Denken, das verlangsamt, blockiert, bisweilen autistisch und losgelöst wirkte. Mit Gefühlen von Indifferenz und Unwirklichkeit, gepaart mit Misstrauen, Feindseligkeit und Abneigung näherten sich die Probanden ebenfalls schizophrenen Verhaltensweisen an.[10]

Ein Grund für die rasante Verbreitung des Stoffs liegt ohne Zweifel in seiner Beschaffenheit: LSD ist künstlich.[11] Nach etwa einem Jahrhundert der Forschung zu drogeninduzierten Modellpsychosen, die mit Moreau de Tour in den 1840er Jahren ihren Anfang genommen hatte, gilt LSD als erster, reiner, im Labor gewonnener Stoff, der keine wechselvolle, vielleicht literarisch bereits umrissene Vorgeschichte hat. Mit ihm scheint es möglich, über nur spekulative oder philosophische Analogien zu veränderten Bewusstseinszuständen hinauszugehen; LSD könne vielleicht eine „experimentelle Schizophrenie", eine *tatsächliche* Schizophrenie auf Zeit auslösen und die Tür zu völlig neuen Forschungen und Erkenntnissen weit aufstoßen.[12] „Mein Bild der Schizophrenie ist", verdichtet der Londoner Psychiater Humphry Osmond die Symptome, „daß es als Krankheit eine Störung des Denkens, der Gemütslage und der Wahrnehmung (und manchmal der Körperhaltung) ist."[13] Genau diese Symptome evoziert auch LSD. Entlang dieser Kriterien werden beispielsweise Schizophreniepatienten mit Versuchsgruppen verglichen, die zuvor LSD verabreicht bekamen.[14]

---

[10] Rinkel u. a. (1952, S. 576f.).

[11] Boire (2008, S. 147).

[12] Ditman und Whittlesey (1959, S. 47). Zur Problematik siehe auch Domino (1959); Rosenbaum u. a. (1959); Osmond (1966, 1957).

[13] Osmond (1956, S. 184).

[14] „[A]ttention (reaction time), motor function (rotary pursuit), and proprioceptive acuity (weight discrimination)" sind beispielsweise die Parameter bei Rosenbaum u. a. (1959, S. 113/651). Wapner und Krus (1959, 89/419) untersuchen dagegen die „spatial organization" und deren Veränderung unter Einfluss von LSD.

Ein anderer Kontext, den Hofmann in seinem späteren Bericht über sein „Sorgenkind" andeutet, führt ebenso zur wachsenden Bedeutung von LSD in den frühen 1950er Jahren. Die beiden britischen Psychiater Osmond und John Smythies hatten bereits einige Jahre zuvor Versuche mit Meskalin unternommen und stellten auch für diesen schon länger bekannten Wirkstoff fest, dass die Symptome seines Rauschs Ähnlichkeiten mit jenen schizophrener Patienten haben. Zudem vermuteten sie eine chemische Ähnlichkeit von Meskalin und Adrenalin, was sie zur Annahme führte, Schizophrenie resultiere aus einer „biochemischen Disbalance, die sich in der Überproduktion von Adrenalin manifestiert".[15] Ein spezifischer Stoffwechselfehler könne dazu führen, dass der Körper einen leicht veränderten chemischen Stoff statt Adrenalin produziert, der die schizophrene Erlebniswelt in Gang setzt.[16] Vielleicht liege der Grund für den Wahnsinn im Metabolismus, im „M-Factor", und Drogen wie Meskalin und LSD imitieren auf biochemische Weise wahnsinnige Zustände.[17]

Osmond und Smythies siedeln Anfang der 1950er Jahre nach Kanada in die Provinz Saskatchewan über, weil sie in London der aus ihrer Sicht altbackene Freud-Bezug einschränkt. Dort kommen sie, vermittelt durch Abraham Hoffer, auch mit LSD in Kontakt. Die folgenden Selbstversuche bestärken sie in der Annahme, Schizophrenie sei von einem Fehler im Stoffwechsel verursacht. Die im Verhältnis zu Meskalin deutlich geringere notwendige Dosis für einen entsprechenden Rausch verschärft den Verdacht, der M-Factor könne für verschiedene Formen des Wahnsinns verantwortlich sein. Schließlich ist eine den „schizoiden" Rausch auslösende Dosis LSD mengenmäßig etwa vergleichbar mit körpereigenen Spuren- und Botenstoffen, deren „Beteiligung" am Wahnsinn untersucht werden soll. „Wenn eine Krankheit von einer chemischen Substanz hervorgerufen werden kann, dann, schlussfolgern Osmond und Hoffer, würde eine eingehende biochemische Untersuchung aufdecken, dass der Stoffwechsel verantwortlich ist für einige (psychotische) Krankheiten."[18] Ohne Frage gibt es in dieser Gleichung noch einige Unbekannte, und der Kurzschluss zwischen Rausch und Schizophrenie hinkt an einigen Stellen. So verflüchtigt sich ein LSD-Rausch nach einigen Stunden, während Schizophrenie bleibt bzw. beständig wiederkehrt. Zudem gibt es Dinge, die nicht gleichmäßig auftreten. Die erste euphorische Forschungswelle währt daher relativ kurz. Bereits Ende der 1950er Jahre werden die Differenzen zwischen Rausch und

---

[15] Dyck (2005, S. 383). Vgl. auch Fadiman u. a. (2003).
[16] Vgl. Stevens (1988, S. 26).
[17] C. G. Jung hatte bereits 1907 die Vermutung geäußert, dass ein „psychotoxischer Stoff die „Ursache" der Schizophrenie sein könnte" (Hermle u. a., 1988, S. 48).
[18] Dyck (2005, S. 384).

Schizophrenie deutlich und die Idee, sich der Krankheit biochemisch zu nähern, verliert an Dynamik. Der Psychotherapeut Stanislav Grof resümiert 1975 rückblickend:

> Es wurde offenkundig, daß es trotz gewisser oberflächlicher Ähnlichkeiten auch sehr grundlegende Unterschiede zwischen den beiden Zuständen gab. Die Hoffnungen, daß Forschungen und Experimente mit LSD zu einer einfachen Reagenzglas-Lösung des Geheimnisses der Schizophrenie führen würden, verblaßten allmählich und wurden schließlich aufgegeben.[19]

Diese Bedenken bleiben jedoch im Wesentlichen akademisch, nach außen dringt vor allem die für die Öffentlichkeit relativ leicht verständliche Botschaft, dass die Forschung kurz davor sei, die „Chemie des Wahnsinns" aufzudecken.[20]

Neben die Hoffnung, eine biochemische Ursache für Schizophrenie und andere mental disorders finden zu können (die sich so nicht bewahrheitet, aber der Forschung einige Impulse gibt), tritt eine andere Spur, die spezifischen Zuständen des Drogenrauschs einen prominenten Platz in der psychiatrischen Theoriebildung und Praxis einräumt. Die Möglichkeit, durch chemische Beeinflussung schizophrene Zustände auf Zeit im Selbstversuch erfahren zu können, verändert den Blick darauf, was Patienten durchleben und erleiden und lässt erahnen, was ihre Wahrnehmungen bedeuten könnten: „Schizophreniepatienten sprachen nicht in Gleichnissen und Metaphern – im verrückten Zustand war kein *als ob* involviert – sie sprachen vielmehr von einer Realität, und es war wissenschaftliche Arroganz, diese als Täuschung oder Wahn abzulehnen."[21] Es handelt sich gerade nicht um vielleicht analytisch aufzuarbeitende Analogien, Bilder oder versteckte Andeutungen, die wiederum im Hinblick auf *eine* Realität decodiert werden müssten oder könnten. Was also Patienten in ihren wahnsinnigen Zuständen erleben, ist ihre Realität, oder genauer: die Wahrnehmung dessen, was sie für real halten – genauso wie sich die *eine* stabile und wirkliche Außenwelt im Rausch zerschlägt und mitunter durch enorm komplexe Eindrücke ersetzt wird.

Dieses Argument ist folgenschwer. Es verschiebt nicht nur die Vermutungen darüber, was den Wahnsinn ausmacht, sondern stellt zugleich infrage, was Realität bedeutet – auch und nicht zuletzt als Fixpunkt wissenschaftlicher Erkenntnis. Von der vermeintlich durch den Rausch gewonnenen Einsicht eines realen Charakters schizophrener Wahrnehmungswelten ist es nur ein kleiner Schritt zum Verdacht,

---

[19] Grof (1985/1975, S. 22f.). Zu den Grenzen der Annahme, ein LSD- oder Meskalinrausch wäre tatsächlich ein psychotischer bzw. schizophrener Zustand, siehe u. a. Hollister (1968); Malitz u. a. (1962), Rosenbaum u. a. (1959).
[20] Ropp (1964/1957, S. 142ff.).
[21] Stevens (1988, S. 27).

die traditionelle Vorstellung einer überschaubaren und greifbaren Realität selbst könnte ein Irrtum sein. Wenn es möglich ist, mit 250 Mikrogramm LSD die objektive Realität auszuhebeln, lässt sich zu Recht die Frage stellen, ob es diese so überhaupt gibt. Vielleicht spielt das Gehirn der Wahrnehmung tatsächlich nur einen Streich und produziert ein Zerrbild, das bis dato für die objektive Realität gehalten wurde.[22] Bereits in dieser noch nicht vom avantgardistischen Impuls der Beats oder der Achtundsechziger inspirierten Forschung deutet sich an, dass entlang des LSD-Rauschs weit mehr zur Disposition steht als ein hypothetischer Vergleich zur Schizophrenie. Schon in den ersten Studien der frühen 1950er Jahre wird die Spur gelegt, die beispielsweise Ralph Metzner später zur Aussage führen wird, dass unsere normale Wahrnehmung traumähnlich und die LSD-Erfahrung ein Erwachen sei.[23] Diese Denkfigur wird nicht minder prominent bei Leary zu finden sein. Der LSD-Rausch öffnet scheinbar ungeahnte Räume anderer Welten und gibt die alte Vorstellung einer gewissermaßen einfachen Realität der Lächerlichkeit preis.

Ein anderes Anwendungsgebiet trägt etwa zur selben Zeit ebenfalls dazu bei, dass das Bild der *einen* Realität wackelt: Die stark halluzinogene Wirkung von LSD öffnet, so die aufkeimende Überlegung, das Unbewusste, das Verdrängte und Vergessene und spült es mehr oder weniger direkt ins Bewusstsein und damit zur Sprache.[24] In der ersten Hälfte der 1950er Jahre sind viele Forschungen zur Verwendung von LSD im Kontext von Psychotherapie und -analyse im Gang, die darauf abstellen, direkt und umweglos zum individuellen Unbewussten der Patienten vorzudringen. In einem Forschungsbericht, der 1960 publiziert wird, berichten Arthur Chandler und seine Kollegen von ihren therapeutischen Erfolgen mit LSD.[25] Neben einigen anderen Drogen hat der Studie zufolge vor allem LSD die Kraft, das Bewusstsein zu erweitern, Kindheitserinnerungen und lange verdrängte Konflikte wachzurufen.[26] Es habe zwar auch einzelne Probleme gegeben – ein zuvor schon suizidaler Patient hatte sich nach der Behandlung mit LSD umgebracht, ein anderer zeigte eine zeitweilige psychotische Reaktion –, dennoch seien die Erfolge insgesamt überragend, weil die Droge den therapeutischen Prozess hervorragend dabei unterstütze, verdrängte Erinnerungen wachzurufen.

Das Problem der Psychotherapie bzw. -analyse, zwar theoretisch über das Unbewusste informiert zu sein, es jedoch praktisch, empirisch oder wissenschaftlich kaum erfassen und bearbeiten zu können, führt zu einer wachsenden Aufgeschlos-

---

[22] Ebd.
[23] Metzner (1986, S. 18).
[24] Baumeister und Placidi (1983, S. 27).
[25] Chandler und Hartman (1960).
[26] Ebd., S. 64/286.

senheit für neue, andere Wege. Hofmann hatte bereits 1943 von starken „Veränderungen" an seinem „inneren Wesen" berichtet.[27] Relativ kurz nach Markteinführung beginnt die psychiatrische und psychotherapeutische Theorie also mit dem Gedanken zu spielen, dass LSD möglicherweise psychodynamische, unbewusste Gedächtnisinhalte unvermittelt zur Sprache bringen könnte, ohne den lästigen Umweg unzähliger Sitzungen. Auch hier wackelt freilich das traditionelle Bild *einer* Realität bedenklich. Wenn eine chemische Substanz das Unbewusste umfänglich wachrufen und die psychische Realität des Patienten gewissermaßen schlagartig verschieben oder verändern kann, werden die Kategorien unklar. Was ist noch bewusst und real? Wo beginnt das eine und endet das andere? Und in welchem Zusammenhang stehen die Biochemie des Gehirns und das Unbewusste?

Die Konsequenzen dieser Überlegungen sind gravierend. Wenn berauschte oder schizophrene Erfahrungen kaum von Realität zu unterscheiden sind, wenn das Gehirn eher biochemisch eine konstitutiv chaotische Welt stabilisiert, in handliche Formen überträgt und sich seine objektive Realität nur „zurechtbastelt", wenn LSD-Erlebnisse eine so weite Sphäre wie das Unbewusste tatsächlich aufschließen, dann öffnet sich ein neues erkenntnistheoretisches Feld. Rausch und Realität stehen sich nicht mehr unversöhnlich gegenüber, sondern fallen ineinander oder sind nur schwer zu unterscheiden. Der Religionsphilosoph Alan Watts wird 1962 diese Wendung zuspitzen und die oft für stabil gehaltene Grenze zwischen Halluzinationen und Wirklichkeit einreißen: „Mittlerweile jedoch ist die Illusion genauso real wie die Halluzinationen."[28] Offenbar ist das alte Bild von Realität auch nur eine Halluzination, ein Produkt biochemischer Mischungsverhältnisse.

Bereits in den frühen Texten deutet sich an, dass dem vom LSD hervorgerufenen Rausch die Fähigkeit zugeschrieben wird, ganz andere, tiefere, komplexere Realitäten aufzuschließen und damit Mensch und Weltlauf im Kern, in ihrer Substanz zu verändern. Bis Mitte der 1950er Jahre hat LSD also seinen Weg vom Baseler Labor hinaus in die Welt der Psychiatrie und Psychotherapie gefunden und für Aufbruchstimmung gesorgt. Auch wenn bereits die ersten forschungspraktischen Probleme sichtbar werden, scheint es dennoch, als habe der Stoff das Potential, ganz andere Einsichten und Perspektiven zu generieren. Mit ihm könnten sich die Funktionsweisen von Gehirn und Bewusstsein psychiatrisch enträtseln lassen. Mit dem Ende der strikten Gegenüberstellung von Rausch und Realität,

---

[27] Hofmann (1993, S. 30). Auch Hofmanns Vorgesetzter beschreibt in seinem ersten Bericht über einen LSD-Selbstversuch schon Symptome, die auf die Öffnung unbewusster Gedächtnisinhalte hindeuten. Er fühlt sich im Rausch beispielsweise „eins mit allen Romantikern, [...] obschon [ihm] diese Schilderungen seinerzeit übertrieben vorgekommen" waren (ebd., S. 48).
[28] Watts (1972/1962, S. 21).

mit der Überblendung von Biochemie und Wahrnehmung, deutet sich auch eine andere tieferschürfende Verschiebung an, die das menschliche Bewusstsein zum kybernetischen Informationskreislauf umdeuten wird. „Über die Denkfigur der Information" wird es möglich sein, „einen solchen Wirkstoff [wie LSD] im selben Moment als absolut körperlose Instanz zu assoziieren, die – selbst Botschaft – schlichtweg nichts anderes tut, als einen Programmierungsbefehl ‚auszusprechen', der dann im humanen Schaltplatz prozessiert wird."[29] Diese Verknüpfung wird etwa zeitgleich an anderer Stelle von Wissenschaftlern und Intellektuellen um Norbert Wiener vorbereitet.

## Episode II: „Ein neues Sehen" – Anfänge der Kybernetik

Knapp drei Jahre nach Hofmanns Entdeckung kommen in New York auf Einladung der Josiah Macy Jr. Foundation Wissenschaftler verschiedener Disziplinen zusammen, um in einem offenen und gewissermaßen experimentellen Rahmen zu reden, zu philosophieren. Dem ersten konzertierten Treffen im März 1946 war ein „Cerebral Inhibition Meeting" vorausgegangen, auf dem bereits deutlich wurde, dass einige als gegeben verstandene Dinge neu verhandelt werden müssten. Unter Federführung des Neurophysiologen Warren McCulloch finden sich schließlich Mathematiker, Physiker, Psychiater, Neurowissenschaftler, Soziologen und Ingenieure zusammen. Sie einigen sich nach kurzer Debatte darauf, dass das zentrale Thema, der Fokus der Veranstaltung, „Selbstregulation" sein soll – angewendet auf unterschiedliche Bereiche. Das erste Treffen dieser mehr oder weniger visionären Wissenschaftler hat zwar kaum Außenwirkung, wird aber nach innen als intellektuelles Laboratorium wahrgenommen, das infolge seiner Offenheit gänzlich neue Ideen und Vorstellung produziert habe.

Mit im Boot sitzt der Mathematiker Norbert Wiener, der in den Wirren des Zweiten Weltkriegs damit beschäftigt war, für das US-amerikanische Militär automatische Flugabwehrgeschütze zu konstruieren. Seine Idee bestand darin, die Flugbahn von Kampfflugzeugen mithilfe bereits erfasster Daten und des antizipierten Verhaltens der Piloten vorauszuberechnen. Das bedeutet in einer ersten, groben Annäherung, dass alle eingehenden (Flug-)Daten erneut in das Berechnungssystem eingespeist werden müssen, damit so etwas wie Selbststeuerung funktionieren kann. Je mehr Daten bzw. Informationen vorhanden sind, um so besser lässt sich die Bahn errechnen. Wiener ist hier vor allem deshalb interessant, weil er dem Kind, was bei den ersten Macy-Konferenzen geboren wurde, etwas später (1947)

---

[29] Moser (2010, S. 224).

einen Namen geben wird: Kybernetik.[30] Das Wort leitet sich vom griechischen *kybernétes* ab und bedeutet etwa Steuermann. Es repräsentiert einen recht vielfältigen Forschungszweig und – viel wichtiger – eine neue Weltdeutung.

Der historische Ausgangspunkt kybernetischen Denkens ist zwar Wieners Entwicklung eines sich selbst regulierenden Flugabwehrgeschützes, das zunächst auf Rückkopplung basiert, also auf rückläufigen Informationen. Dennoch greifen die Ideen von Selbststeuerung, Rückkopplung und Feedback schnell auf andere Wissenschaften über. Die interdisziplinäre Zusammensetzung der ersten Macy-Konferenzen legt dies bereits nahe. Der Grund dafür findet sich freilich nicht im besonderen Status von Militärtechnik oder einer bereits praktisch zu erahnenden Umgestaltung der Gesellschaft und des sozialen Lebens durch Rechenmaschinen. Vielmehr basteln die Teilnehmer der ersten Konferenzen an einer in weiten Teilen neuartigen *modellierenden* Wissenschaft, an einem neuen Register, einem neuen Zugang, um die Interaktion von Mensch, Umwelt und Technik zu erklären, zu organisieren, zu steuern.

Mit von der Partie ist auch der österreichische Biophysiker Heinz von Foerster, der neben Wiener einer der enthusiastischsten und populärsten Vertreter der Kybernetik werden wird. Ihn zeichnet vor allem die Kombination aus klaren, teils provokativen Statements und einem immensen Weitblick aus. In der Rückschau betont von Foerster die Dynamik der Zusammenkünfte und hebt den weitreichenden, experimentellen und die Grenzen des klassischen Denkens überschreitenden Charakter der Konferenzen hervor. Diesen Diskussionsrunden scheint der modrige Geruch alter, akademischer Wissenschaft völlig abzugehen. Man ist nicht nur versucht, „*etwas* von einem anderen Blickwinkel aus zu sehen".[31] Das wäre zwar vielleicht ein Fortschritt, würde aber im Rahmen der alten Perspektiven stecken bleiben. Die Verhandlungen drehen sich also nicht um ein „Etwas", also um eine vielleicht im Detail anders zu erklärende aber dennoch immer schon *vorhandene* Wirklichkeit. Vielmehr bezieht sich die Ausrichtung der Debatten auf die grundlegende Art und Weise von Beobachtung und Beschreibung selbst bzw. auf die Frage, was diese vermeintlich stabile und objektive Wirklichkeit eigentlich ist: „Hier [bei den ersten Macy-Konferenzen] ging es nicht um ein Etwas", schreibt er, „hier ging es ums Sehen",[32] um die viel grundsätzlichere Frage also, was wir überhaupt sehen, was der Gegenstand von Erkenntnis sein kann. Hofmanns Entdeckung, LSD 25, sollte später ebenfalls dafür sorgen, dass eine ganze Generation die Welt völlig neu und ganz anders sehen wird.

---

[30] Vgl. Wiener (1948).
[31] Foerster (2003, S. 19, H. d. A.).
[32] Ebd., S. 19.

Von Foerster deutet mit dem Hinweis auf das Sehen an, dass innerhalb einer kybernetischen „Ordnung der Dinge"[33] vormals stabile Annahmen wie jene einer äußeren, objektiven Realität oder eines erkenntnisfähigen Individuums nicht mehr ohne Weiteres gelten. Es handelt sich also nicht um eine neue Theorie zum Verständnis oder zur Interpretation bereits bekannter äußerer Gegenstände, sondern darum, einen grundlegend neuen Blick darauf zu wagen, was Wirklichkeit, Individuum, Denken und damit Themen der Forschung sein können. Wer die Perspektive derart substantiell verschiebt, stellt auch zur Diskussion, was Erkenntnis und schließlich was Realität ist. Das Sehen selbst bedarf einer umfassenden Überholung, in deren Folge sich neue Objekte und vor allem Zusammenhänge zeigen, die mit jenen überlieferten, alten Registern und Kategorien nicht mehr viel gemein haben.

Dieses neue Sehen, das sich im Rahmen der ersten Macy-Konferenzen zwischen 1946 und 1953 zu entwickeln beginnt, setzt sich selbstredend von älteren Ordnungen bzw. Perspektiven auf die Welt ab. Die Kybernetik, die – etwa gleichzeitig mit LSD – als Begriff und explizite Theorie Mitte der 1970er Jahre ebenso schnell verschwunden sein wird, wie sie in den späten 1940er Jahren aufgetaucht war, hat einen eng umrissenen historischen Ort: die Nachkriegszeit. Wiener gießt mit seinem Buch *Mensch und Menschmaschine* die wesentlichen Argumentationsfiguren der neuen Wissenschaft in eine popkulturell anschlussfähige Sprache und sorgt damit für einiges Aufsehen. Er diskutiert dieses nach zwei verheerenden Weltkriegen in die Krise geratene Denken mitsamt seinem nahezu unerhörten „Fortschrittsglauben":

> Es [das altbekannte Fortschrittsideal] besagt im Grunde, daß die geographischen Entdeckungen [...] übergehen müssen in eine endlose Periode des Erfindens und Entdeckens neuer Techniken zur Beherrschung der menschlichen Umgebung. Dies wird, so sagen die Fortschrittsgläubigen, in einer für menschliche Begriffe faßbaren Zukunft unabsehbar weitergehen.[34]

Diese klassisch-moderne Fortschrittsidee verliert jedoch, mit Blick auf die Brüche der ersten Hälfte des 20. Jahrhunderts, rasant an Überzeugungskraft. Einerseits war die Wissenschaft selbst in Zweifel darüber geraten, was ihr Erkenntnisvermögen und ihr Gegenstand der Untersuchung – die objektive Realität – angeht. An die Namen Albert Einstein, Werner Heisenberg oder Kurt Gödel bindet sich eine schwerwiegende Erschütterung, die sich vor allem darauf bezieht, was die Wissenschaft untersucht. Mit ihnen und ihren mathematischen und phy-

---

[33] Pias (2003, S. 25).
[34] Wiener (1958, S. 30).

sikalischen Theorien verband sich ein beängstigender Zweifel, ob es überhaupt möglich sei, die äußere Welt wissenschaftlich und objektiv zu beobachten und zu erfassen. Andererseits beklagt Wiener, dass Wissenschaft und ethische, soziale oder gesellschaftliche Prinzipien immer weiter auseinanderdriften. Der Fehler des „Durchschnitts-Amerikaners" liege gerade darin, die von den Wissenschaften getragene Entdeckungs- und Eroberungseuphorie auf ein vergleichbares Voranschreiten „ethischer Prinzipien" anzuwenden und die auffälligen Differenzen zu ignorieren. „Freilich", schreibt er, „sind diese [alten] moralischen Wertsysteme heutzutage nur zu oft mit einem Fortschrittsglauben verknüpft, eine Erscheinung, die weder philosophisch fundiert noch wissenschaftlich gut unterbaut ist."[35] Die Stimmungslage bei den ersten Macy-Konferenzen wird also von zwei Seiten beeinflusst: Mitte des 20. Jahrhunderts scheint die Wissenschaft nach neuen Perspektiven zu dürsten, ist doch der alte modernistische Weg offensichtlich an ein Ende gekommen. Daneben gesellt sich eine von Krisen gebeutelte politische Konstellation, die den Gedanken nahelegt, dass es so nicht weitergehen kann. Diese doppelte Motivation der Treffen, dieser zweifache Ausgangspunkt spiegelt sich etwas später im wachsenden gesellschaftspolitischen und philosophischen Anspruch der Kybernetik.

Der sich bei den Macy-Konferenzen langsam entwickelnde kybernetische Blick abstrahiert dagegen vollständig von der Differenz zwischen Wissenschaft und Ethik oder Politik. Wiener und die Kybernetiker der ersten Stunde nehmen im Kern bereits vorweg, was erst einige Jahre später begrifflich eingeholt werden wird. Der berühmte Vortrag des englischen Chemikers und Publizisten C. P. Snow von 1959 diskutiert und kontrastiert *two cultures*,[36] die mathematisch-wissenschaftliche *Intelligenz* auf der einen Seite und die literarische auf der anderen und prägt damit einen Namen für eine bereits ältere Debatte. Diese beiden Versionen, Welt, Mensch und Technik zu ordnen, können, so Snow etwas verkürzt, kaum mehr miteinander sprechen, weil sich die Ordnungen oder Sphären des Wissens bzw. der jeweilige Erkenntnismodus sehr weit voneinander entfernt haben. Es existiere beispielsweise keine gemeinsame Sprache mehr zwischen Literat und Mathematiker.[37] Was Snow mit zwei *Intelligenzformen* umschreibt, die sich bestenfalls gegenseitig befruchten können, spielt bereits im Kontext der ersten Macy-Konferenzen eine wichtige Rolle. Die „zwei Kulturen" lassen sich als Welt der Wissenschaft, des Berechen- und Steuerbaren, der Technik hier und als jene von Kultur oder Ideologie, von Kunst und Literatur dort interpretieren. Das grundlegende Problem liegt für von Foerster,

---

[35] Ebd., S. 23.
[36] Vgl. Snow (1987).
[37] Zur Diskussion um Snow siehe u. a. Kreuzer (1987).

Wiener und viele der Teilnehmer insgesamt in der unglaublichen Irrationalität oder Absurdität, im buchstäblichen Unsinn von Ideologien, von gelebten oder wirkmächtigen Glaubens- und Wertstrukturen. Der gesamte Bereich von Wert, Norm und Ethik als Ideologie entwickelte ungeahnte Kräfte und führte die Welt bis in die Katastrophe: Das „auf Höherzüchtung und Ausmerzung ausgerichtete Menschenbild [führte sich] mit dem Holocaust ad absurdum".[38] Unter dem Namen der „zwei Kulturen" ist offenbar die gesamte Ordnung der Dinge zu verhandeln.[39] Zur Diskussion stehen also nicht nur verschiedene Weltbeschreibungen oder gar Meinungen (wissenschaftliche versus literarische). Vielmehr gerät der Ausgangspunkt des Wissens, der beobachtende und erkennende Mensch selbst, ins Wanken und soll von einem anderen Organisationsprinzip, einem anderen Sehen abgelöst werden. Die Droge LSD wird etwas später dazu herhalten, dieses neue Sehen Realität werden zu lassen.

Zunächst jedoch spielt die Stofflichkeit bzw. die Materialität der Welt nur am Rand mit. Die Kybernetik legt stattdessen ein universelles *Modell von Zirkularität* über die Dinge.[40] Sicher lässt es sich nicht leugnen, dass Gegenstände in der Welt sind, die wir sehen und anfassen können. Von Foersters neues Sehen spielt jedoch darauf an, dass es jenseits der Trivialität existierender Dinge etwas anderes zu erblicken gibt, dass sich – mit der richtigen Brille – eine andere Welt zeigt. Hinter der Banalität des Realen, hinter der Fassade einer äußeren Welt, harren Dinge ihrer Entdeckung, die alles anders aussehen lassen und völlig neue Möglichkeiten eröffnen. „Die materielle Realität glibberiger Gehirnmasse" etwa, für die sich McCulloch als Neurophysiologe interessiert, „ist allenfalls eine schlampige Instantiation der wahren Ideen einer reinen und schönen Schaltlogik auf die [...] ‚Instrumente der Zeit'."[41] Das Gehirn ist nur das lästige Objekt, der Fleisch gewordene Ausdruck eines Modells, eines erkennbaren Informationsflusses, eines allgemeinen Funktionsprinzips. Dieses Modell kreist nicht mehr um die Dinge selbst, sondern um ihre Zusammenhänge, ihre Bezüge zueinander und die Zirkulation von Informationen. Gelänge es, so die Hoffnungen zugespitzt, die Bewegungsprinzipien zwischen den Dingen anhand ihrer Informationsflüsse zu entschlüsseln, könnte auf ganz neue Weise steuerungstechnisch, das heißt regulierend eingegriffen werden. Wenn tatsächlich hinter allem systematische Informationsflüsse stecken, ließe sich über deren Steuerung eine völlig neue Form der Kontrolle ausüben. Die Re-

---

[38] Hörl und Hagner (2008, S. 9).
[39] Vgl. dazu auch Foerster (1993, S. 60ff.).
[40] Die Besonderheit des kybernetischen Modells, das im Kern auch (nur) eine Abbildung von Wirklichkeit sein kann, besteht in der Überblendung des Modells mit der mathematischen Abbildung (vgl. Lohberg und Lutz, 1970, S. 147ff.).
[41] Pias (2003, S. 13). Vgl. auch Pickering (2010).

gulation kybernetischer Systeme läuft also – im idealtypischen Modell – über Rückkopplung, über Feedbacks.[42] Sie speisen Veränderungen und Abweichungen rückläufig wieder ins System ein und führen eine entsprechende Anpassung herbei. Dieses recht einfache Prinzip ist das zentrale Moment bzw. das Modell, das später an sehr vielen Fronten der Wissenschaft mit deutlich erhöhter Komplexität zum Tragen kommen und auch die LSD-Erfahrung in bestimmte Bahnen lenken wird.

Das sicherlich simpelste Beispiel für ein solches Modell ist ein Heizungsthermostat. Es misst die Umgebungstemperatur und speist diesen Ist-Wert ins Heizungssystem ein. Dort wird er mit einem zuvor eingestellten Soll-Wert (beispielsweise 20 Grad Celsius) abgeglichen und die Leistung des Heizkörpers reguliert. Die gemessene Raumtemperatur ist die Information, die als Feedback an das System zurückgegeben wird und eine Anpassung auslöst. Der Verdacht einer unlauteren Vereinfachung drängt sich hier zwar auf, im Prinzip jedoch ist dies die Basis kybernetischen Denkens, das sich allerdings von dort aus in alle möglichen Bereiche, Beobachtungen und Abstraktionen ausdehnt. Die Zirkulation von Informationen steht im Fokus und lässt den konkreten Gegenstand, im erwähnten Beispiel die Heizung, zum beliebigen Ausdruck eines strukturell immer gleichen Funktionsprinzips werden. „Nur weil die Materialität innerhalb einer Modell- oder ‚Strukturwissenschaft' nicht zählt", schreibt Claus Pias dazu, „kann die neue Ähnlichkeit der Kybernetik und ihrer Modelle ausgreifen und Curricula und Spaghetti, Kochtöpfe und Raketen, Chemorezeptoren und Kreiselkompasse in der gleichen Objektklasse erscheinen lassen." In der Modellierung von Informationen in Regelkreisen, „die scheinbar unbegrenzt über Sachverhalte gelegt werden kann, zeichnet sich damit eine neue Ordnung der Dinge ab, die zugleich Erklärbarkeit postuliert".[43]

Der Schlüssel zum alles erfassenden Modell ist eben jene neue unstoffliche Entität, etwas, das allem eingeschrieben ist und den Kern der Untersuchung darstellt: die Information. Diese gehört weder als Wissen dem Subjekt, noch geht sie in Kommunikation oder Sprache auf. Vielmehr wird sie als „eine dritte Kategorie jenseits von Stoff und Energie [verstanden] – als etwas also, das unabhängig von der Materialität seiner Instanzen verlustfrei übertragbar ist".[44] Zirkulierende Informationen konstituieren schließlich Regelkreisläufe und Schaltnetze; das Modell, mit dem die Objekte und Verhaltensweisen in ihren Verflechtungen und ihren Zusammenhängen dargestellt werden können. Information als jene „dritte Kategorie",

---

[42] Zur Geschichte des Begriffs *Feedback* vgl. u. a. Broeckling (2006).
[43] Pias (2003, S. 25).
[44] Ebd., S. 14.

die jede Zirkulation ermöglicht, zu kontrollieren und zu steuern, ist das wesentliche Moment dieser Ende der 1940er Jahre aufkeimenden Perspektive. Damit geht auch ein neues Fundament für Ordnung einher, wie Wiener feststellt: „Ein Maß für Information ist ein Maß für Ordnung."[45]

Die Bedeutung von Information als Grundkategorie ist dabei keineswegs auf technische Apparaturen oder Computer begrenzt, wie der später etablierte Begriff Informatik nahelegen könnte. Vielmehr ist sie das Bewegungsprinzip, das mithin alles umfasst, das allem innewohnt und alles strukturiert.

Der kleine Zirkel, der sich zwischen 1946 und 1953 insgesamt zehn Mal trifft, geht also weit über angewandte Fragen der Steuerung hinaus und diskutiert vergleichsweise große, mithin philosophische Fragen. Die gesamte Ordnung des Wissens steht zur Debatte. Sie erscheint (nur) als Folge spezifischer „Dispositionen" des Wissens. Eines Wissens, das, so könnte man Wiener frei adaptieren, den Fortschrittsglauben ins Werk gesetzt hat und die Katastrophen der ersten Hälfte des 20. Jahrhunderts bedingte. Der Irrtum, den die Gruppe – um die vielen Stimmen auf einen Ton zu reduzieren – aufdecken will, entstammt der traditionellen „anthropologischen Illusion" eines erkenntnisfähigen Subjekts, das zugleich Objekt der Forschung ist[46] und das sich die Welt untertan macht bzw. sich ihr wissenschaftlich bemächtigt. Die bei den Macy-Konferenzen entfachten Diskussionen um die zwei Kulturen, die in die Kybernetik als neue „Universalwissenschaft" münden, setzen also an einem fundamentalen Zweifel an und antizipieren ein neues und von Grund auf anderes Denken als „Gegenwissenschaft", welche die alten „Humanwissenschaften in Frage" stellt. Es geht darum, „Positivitäten in den Blick zu nehmen, [...] zu formalisieren statt zu anthropologisieren, zu demystifizieren statt zu mythologisieren und [...] zuletzt *zu denken, ohne dabei sogleich zu denken, daß es der Mensch ist, der denkt"*.[47]

Im Kontext dieser umwälzenden Treffen dämmert also „das Denken als ein subjektloser Prozeß",[48] als blanker, wenn man so will intentionsloser Effekt von Informationskreisläufen. Wenn Denken nichts anderes meint als zirkulierende Informationen, gibt es keinen substantiellen Unterschied zwischen Mensch und Rechenmaschine. Die LSD-Erfahrung kleidet sich später in ein ähnliches Gewand, indem sie den vernunftbegabten Menschen geradezu entmachtet.

---

[45] Wiener (1958, S. 23). Das heißt auch, dass Unordnung gleich Entropie ist. Zum Thema Entropie und Ordnung vgl. Feustel (2014).
[46] Vgl. dazu vor allem Foucault (1974, S. 462).
[47] Pias (2003, S. 16, H. d. A.).
[48] Hörl (2008, S. 172).

Das französische Autorenkollektiv Tiqqun verdichtet diese Zusammenhänge in politisch schroffer Abgrenzung: „Was geschichtlich und politisch in der Zeit zwischen den beiden Weltkriegen aufblühte und worauf die kybernetische Hypothese antwortete, war das metaphysische Problem der Begründung der Ordnung ausgehend von der Unordnung." Zwei Weltkriege und einige wissenschaftliche Erschütterungen (u. a. Relativitätstheorie und Unschärferelation) hatten „das gesamte wissenschaftliche Gebäude, all das, was es den deterministischen Konzeptionen verdankte",[49] zu Fall gebracht. Die Kybernetik reagiert also auf eine fundamentale Krise nach 1945 und justiert das Sehen neu. Der Ausgangspunkt für die Unordnung Mitte des Jahrhunderts liegt also darin, dass die Gesellschaft nicht mit den von der Wissenschaft und den neuen Techniken freigesetzten Kräften umzugehen und schrittzuhalten vermochte. Die zwei Kulturen reißen eine Lücke, die nur von einem neuen und grundlegend anders ausgerichteten Sehen aufgefangen werden kann, das ganz andere Zusammenhänge erkennen lässt.

Die Kybernetik wird zwar – ebenso wie die „psychedelische Revolution" – in den 1970er Jahren aus dem Fokus der Öffentlichkeit verschwinden, und ihre nur oberflächlich geschlossene, dafür jedoch umso euphoriegeladenere Erkenntnisperspektive zerfällt in unterschiedliche Bereiche und Positionen. Dennoch hinterlässt sie tiefe Spuren: Das regelungstechnische Denken, das bei den Macy-Konferenzen seinen Anfang nahm und fundamentale Kategorien wie Immanenz und Transzendenz in reine Feedbackschleifen zerlegt, taucht beharrlich auf. „Ich glaube", hält Gregory Bateson – Teilnehmer der ersten Konferenzen – rückblickend fest, „die Kybernetik ist der größte Bissen aus der Frucht vom Baum der Erkenntnis, den die Menschheit in den letzten zweitausend Jahren zu sich genommen hat."[50] Dies wird sich auch in den Debatten zur Bedeutung des LSD-Rauschs zeigen. Bald schon werden die Erzählungen zu psychedelischen Erlebnissen von Begriffen und Argumenten durchsetzt sein, die aus den Räumen der Macy-Konferenzen in Alltagsdebatten geschwappt sind. Bis Mitte der 1950er Jahre ist jedenfalls eine markante, kybernetische Atmosphäre des Neuen deutlich erkennbar.

## Episode III: „Das heilige Nichts" –
## Die Beats auf der Suche

Etwa im selben Zeitfenster, in dem Hofmann in Basel über LSD stolpert und eine neue kybernetisch-wissenschaftliche Avantgarde sich in die Spur macht, kreuzen sich auch die Wege einiger scheinbar deprimierter aber kreativer Seelen. Vor allem

---

[49] Tiqqun (2007, S. 8).
[50] Bateson (1985, S. 612).

das Dreigestirn Allen Ginsberg, Jack Kerouac und William Burroughs, die sich im Frühjahr 1944 auf unterschiedlichen Wegen und zunächst mit einiger Skepsis begegnen, bringt eher unabsichtlich eine neue Kultur, einen neuen Kult, ins Rollen. Das geistige Klima, in dem die drei literarisch und persönlich mehr oder weniger zusammenfinden, ist düster.[51] Die Nachkriegsjahre sind trist, streng, bisweilen autoritär.[52] Während Teile der Wissenschaft darum bemüht sind, mit dem neuen Zaubermittel LSD die alten Bahnen zu verlassen und die Kybernetiker, noch eine Dimension größer, die Schockstarre der Nachkriegszeit mit einem völlig neuen Sehen überwinden wollen, sind Ginsberg, Kerouac und Burroughs auf der Suche nach einem neuen Selbstbezug, nach einer neuen Empfindsamkeit, nach einer Möglichkeit von Leben und Literatur. Sie verbreiten damit eine Aufbruchstimmung, an welche die neue Wunderdroge etwas später anschließen wird.

Als Kerouac und Ginsberg mehr oder weniger zufällig auf den etwa zehn Jahre älteren Burroughs im New Yorker East Village Mitte der 1940er Jahre treffen, setzt sich, ganz langsam zunächst, der Zug in Bewegung, der später eine ganze Popkultur antreibt.[53] Ginsberg und Kerouac – noch keine 20 Jahre alt – sind Kinder einer Zeit, die von Kriegswirren und Repression, von puritanischer Strenge und einer alles durchdringenden Furcht geprägt ist. Ohne zu wissen, wo es hingeht, suchen beide nach einer „neuen Vision", nach einem neuen Gefühl, nach einem anderen Leben. Burroughs betritt als vergleichsweise lebenserfahrener Intellektueller die Bühne, der die jungen Geister inspiriert und fördert. Die Gruppe bildet den Kern einer defätistischen Bewegung, die sich aufmacht, ein neues Leben zu beginnen, planlos, geschlagen: Die Generation der Beats nimmt ihren Anfang.

Oberflächlich haben die neuen Literaten und Lebenskünstler nicht viel mit der Euphorie um LSD und Selbstregulation zu tun. In einer ganz grundlegenden Deutung der Lage allerdings berühren sich Beat, Kybernetik und die psychiatrische LSD-Forschung: Irgendetwas läuft völlig schief, und es ist an der Zeit, Gesellschaft, Politik und Kultur, Denken, Fühlen und Subjekt fundamental neu zu begreifen. Alles auf Anfang. Später, im Rahmen dessen, was psychedelische Revolution heißen wird, vermischen sich die einzelnen Debatten, auch wenn die Akteure teils sehr unterschiedliche Wege gehen.

Etwa ab Mitte der 1940er Jahre also knüpft sich – gespeist mit Drogen und Literatur – Stück für Stück ein ganzes Netz vergleichsweise junger Leute, welche die deprimierende Stimmung der späten Kriegs- und ersten Nachkriegsjahre durchbrechen und zu neuen Ufern wollen. Mit LSD hat die Szene zwar noch nichts zu tun.

---

[51] Vgl. auch Fiedler (1983).
[52] Sterritt (1998, S. 19f.).
[53] Zu den konkreten Ereignissen ab 1943 und den anderen involvierten Figuren siehe Watson (1997).

Noch ist der Stoff in Labors und Psychiatrien zu Hause. Drogen und mit ihnen ein ganzes oppositionelles und mitunter kriminelles Umfeld gehören jedoch schnell zum guten Ton, weil sie ein Mittel sind, die Ketten der alten Bürgerlichkeit zu sprengen.

In einem Gespräch zwischen Kerouac und seinem Freund John Clellon Holmes („the quiet Beat") macht der Begriff Beat 1948 offenbar das erste Mal die Runde. Holmes veröffentlicht etwa vier Jahre später im *New York Times Magazine* einen Artikel, der im Rückgriff auf dieses Gespräch die Konstellation beschreibt und ein Bild der literarischen und aufbegehrenden Jugend malt. Die Beats sind weder zynisch noch positiv-euphorisch unterwegs – aber sie sind unterwegs. „Die Ursprünge des Wortes ,Beat' sind undeutlich, die Bedeutung jedoch ist den meisten Amerikanern sehr klar. Es beinhaltet mehr als nur Ermüdung und Lustlosigkeit, sondern schließt das Gefühl ein, benutzt worden zu sein, nackt zu sein." Beat „geht mit einer Nacktheit des Geistes [mind] und schließlich der Seele einher; das Gefühl, auf dem harten Boden des Bewusstseins aufzuschlagen. Kurz, es meint bis zum Anschlag gegen die eigene Mauer geschoben worden zu sein. Ein Mensch ist ,beat' [geschlagen], wann immer er alles aufs Spiel, alle Ressourcen auf eine Karte setzt. Und die junge Generation hat genau das von ihrer frühen Jugend an getan."[54]

Der Grund für diese „nakedness of mind", für diese Niedergeschlagenheit liegt in der jüngeren Vergangenheit, wie Holmes gleich im Anschluss klarstellt: „Die Phantasien ihrer Kindheit bewohnten das Halbdunkel von München, den Hitler-Stalin-Pakt und den unausweichlichen Zusammenbruch." Die späteren Jahre „gehörten einer wirren Kriegszeit mit unterschiedlichen Allianzen und Truppenbewegungen". Diese vielen Irritationen machten die Beats zu unabhängigen Geistern, die (an) nichts glaubten und – vorläufig – ihr Dasein „in Spelunken" über die Runden brachten. „Man kam nicht vor Mitternacht und ging nicht vor der Dämmerung." Flankiert wurde all dies von den herüberschwappenden Umständen des Kriegs. „Ihre Brüder, Ehegatten, Väter oder Freunde [boy friends] kehrten einen auf den anderen Tag tot zurück, als Name auf einem Telegramm."[55]

Holmes zufolge wird diese deprimierende Nachkriegskonstellation, dieses „Trümmerfeld der Möglichkeiten", wie Burroughs es nannte,[56] das mit einem puritanisch untermalten, rigiden Antikommunismus kombiniert gleichsam dazu einlädt, den Halt zu verlieren, von den Beats mit einer existentialistischen Geste ausgehebelt. Diese verfällt gerade nicht in die lethargische und moralisierende Stimmung der „Lost Generation" der 1920er Jahre. Das „Trümmerfeld" habe sie

---

[54] Holmes (16. November 1952).
[55] Ebd.
[56] Burroughs (1995/1959, S. 30).

geradewegs zum „Schwarzmarkt, zu Bebop, zu Drogen, zu sexueller Freizügigkeit, zu Landstreicherei und zu Jean-Paul Sartre" geführt.[57] Diese schwer begrifflich zu fassende Grundstimmung der Beats, die zwischen Weltschmerz und Aufbruch, zwischen Nihilismus und der Suche nach neuen, anderen Ufern schwankt, ist zugleich unmittelbar an Drogen und Rausch gebunden. Die Beats sind mehrheitlich „young dope addicts",[58] und die neue Bewegung ist von Drogen und Rausch – als subtile Revolte ohne politischen Text – kaum zu unterscheiden. Beide sind so eng verbunden, dass sie nur gemeinsam auftreten. Gleichzeitig sind für die Beats Drogen jedoch weder selbstzerstörerisch noch weltverbessernd. Sie bringen noch keine große Erzählung hervor, sondern dienen einer individuellen Haltung, einem Stil, der vor allem darauf aus ist, sich der rigiden, puritanischen Gesellschaft zu entziehen. Die Ablehnung des bürgerlichen Kanons und der versuchte Bruch mit dem überkommenen Bild des Individuums bereitet ganz allgemein den Weg, auf dem die psychedelische Bewegung später für kurze Zeit wandeln wird – ergänzt um psychiatrische und kybernetische Einflüsse.

Symbolisch für diese eigenwillige Stimmung zwischen Defätismus und Euphorie steht das Bild einer 18-jährigen Frau, die – im *Time Magazine* abgebildet[59] – bei ihrer Verhaftung wegen Drogenkonsums genau diesen weder depressiven noch korrumpierten Stil an den Tag legt. Sie hatte zuvor ein schwerwiegendes Problem mit Heroin, war es allerdings losgeworden, nicht zuletzt weil die Droge körperlich an ihr zehrte: „Ich habe keinen Bock, nochmal 47 Kilo zu wiegen. Man konnte mich nicht sehen, wenn ich mich zur Seite drehte."[60] Marihuana dagegen forme weder eine Gewohnheit („habit"), noch sei es sozial wie körperlich sonderlich schädlich. „Aber die Leute beharren darauf", erzählt die junge Frau, „als verhalte man sich wie völlig betrunken, und alle Spießer stempeln dich ab. All die Drogengeschichten – vor allem die, dass du bekifft durch die Gegend rennst und alte Damen umbringst. Es ist lästig. Tatsächlich sitzt du nur rum und hörst Musik."[61] Schließlich verschiebt sich das Gespräch von der Frage, wie Marihuana „eigentlich" wirkt, darauf, warum die junge Frau überhaupt Drogen konsumiert. „Weil es kickt. Es ist wie betrunken nur ohne Hangover. Und du bist nicht schlampig, wirst krank oder fährst vielleicht betrunken Auto und bringst jemanden um wie ein Betrunkener. Und es ist billiger als Scotch. Zwei oder drei Leute werden von einem Joint high."[62] Diese distanzierte, abgeklärte Haltung zu Drogen repräsen-

---

[57] Holmes (16. November 1952).
[58] Ebd.
[59] Time Magazine (7. Juli 1952).
[60] Ebd.
[61] Ebd.
[62] Ebd.

tiert „eine komplette neue Kultur",[63] wie es im Artikel weiter heißt. Sie hat nichts von den romantischen Rauscherzählungen des 19. und frühen 20. Jahrhunderts, die – auf sehr verschiedene Weise – immer wieder die Transzendenz touchierten und eine Wahrheit erblickten. Vielmehr streut sie eine Offenheit für Neues, an welche die Droge LSD etwas später bestens andocken kann. Holmes gibt dieser unmittelbar mit Drogen verbundenen (Gegen-)Kultur kurze Zeit später den Namen *Beat Generation* und betont das integrative Moment der Szene: „Sie [die junge Frau] beschreibt einen Sinn der Community, die sie im und mit Marihuana gefunden hat und den die Gesellschaft ihr nie gab."[64] Noch spielt LSD keine Rolle. Es lässt sich jedoch bereits erahnen, was passieren wird, wenn die Euphorie um LSD auf die Empfindsamkeit der Beats stößt. Noch dominiert ein Unbehagen, und Drogen verschaffen in erster Linie eine gelassene Distanz zu gesellschaftlichen Erwartungen, ohne dass damit eine „Ernüchterung" oder Desillusionierung unmittelbar einherginge: „Sie trinken, um runterzukommen oder um high zu werden, nicht um irgendetwas darzustellen oder zu zeigen. Ihre Ausflüge zu Drogen und Freizügigkeit entstammen einer Neugier, keiner Ernüchterung."[65]

Die von Drogen geschwängerte Subkultur junger Literaten grenzt sich zwar von einer Gesellschaft ab, die sich durch strenge sittliche Ordnungsvorstellungen auszeichnet und in diesem Zusammenhang Drogenkonsum auf einem ideologischen Niveau verteufelt,[66] das der Dämonisierung der Juden im Dritten Reich nahekomme, wie Burroughs argumentiert.[67] Von den Hoffnungen jedoch, welche die beiden anderen, bereits beschriebenen Episoden derselben Zeit anbieten, ist hier noch nichts zu sehen. Zunächst bleibt nicht viel jenseits einer oppositionellen Haltung

---

[63] Ebd.

[64] Holmes (16. November 1952). Der Begriff *Beatnik* geht zurück auf Caen (2. April 1958) und skizziert eher eine kritische bis negative Etikette. In Anlehnung an den sowjetischen *Sputnik* soll er verdeutlichen, dass die Beats weit außerhalb der Gesellschaft und zumindest potentiell kommunistisch seien.

[65] Holmes (16. November 1952, H. d. A.). Zum Beatleben vgl. auch Kerouac (2005/1957).

[66] Der Begriff Subkultur ist umstritten, weil mit ihm oft eine depolitisierende Tendenz einhergeht und die Zuweisung zu *einer* Subkultur mitunter eine mediale Inszenierung ist (vgl. u. a. Marchart, 2008, S. 95ff.).

[67] „Beginnende Symptome einer Hysterie zeichnen sich ab. Louisiana erließ ein Gesetz, das es zum Verbrechen machte, rauschgiftsüchtig zu sein. Da weder Ort noch Zeit spezifiziert sind und der Begriff ‚Rauschgiftsüchtiger' nicht klar definiert ist, ist unter einem so formulierten Gesetz eine Beweisaufnahme nicht mehr notwendig oder sogar unerheblich. Das ist die Gesetzgebung eines Polizeistaats, die eine Existenzform unter Strafe stellt. [...] Ich sah meine Chancen, einer Verurteilung zu entgehen, täglich geringer werden, da sich der Rauschgifthaß zu einem paranoiden Verfolgungswahn steigerte, ähnlich dem Antisemitismus unter den Nazis" (Burroughs, 1999, S. 176).

gegenüber dem Mainstream. Es geht um nichts mehr als den Versuch, das eigene, perspektivlose Leben zu meistern und einen Umgang mit der eigenen, von rigiden Sozialisationsbedingungen hervorgerufenen Subjektivität zu finden.

Neben die Alltagstauglichkeit, die nur mit Drogen zu erhalten sei, gesellt sich in den ersten Jahren langsam eine zweite Spur. Sie erobert die Beats und lässt sich vielleicht am besten mit dem Begriff Dekonditionierung umschreiben. Wenn die Welt und ihre Bewohner so verfahren, vernagelt und starr sind, muss ein Weg gefunden werden, diesem Drama zu entgehen, die Ketten der Konditionierung, des eingeübten bürgerlichen Standards, zu sprengen. Damit entfachen die Beats der ersten Stunden zwar wahrlich keine Drogeneuphorie, keine Erzählung eines besseren Lebens mit (den richtigen) Drogen. In gewisser Weise jedoch bereiten sie den Weg für LSD und eine völlig neue Erfahrung, indem sie das Bild in die Welt bringen, alles Alte, alles Überkommene abstreifen zu müssen. Was folgen wird, ist für die Beats zunächst unwichtig. Aber eine Haltung muss her, die etwas völlig Neues in Gang bringt.

Ein Jahr nach Holmes' einflussreichem Artikel im *Times Magazine* erscheint Burroughs' autobiographischer Roman *Junkie. Bekenntnisse eines unbekehrten Rauschgiftsüchtigen*,[68] in dem er mit distanzierter Stimme seine eigene Drogengeschichte nachzeichnet und der Stimmung der Beats ein erstes Denkmal setzt. Der Text ist insgesamt von Spannungen zwischen den körperlichen und seelischen Folgen einer Opiatabhängigkeit auf der einen und dem Lebensstil des Outlaw auf der anderen Seite getragen. Burroughs leidet zwar körperlich und seelisch, ist aber felsenfest „unbekehrt". Über weite Strecken changiert das Buch zwischen kühlem Existentialismus und Drogentod. Aus der ausführlichen Skizze seiner Opiatsucht und deren Folgen lässt sich auch das Bild eines argwöhnischen und für soziale Abweichungen hoch sensibilisierten Klimas ablesen, in dem Drogen einen sozialen Fluchtpunkt, einen anderen Alltag mit einem eigenen Rhythmus jenseits des Spießertums abgeben.

Im Entzug wird Bill Lee, der Ich-Erzähler des Buchs, von einem Psychiater gefragt: „Warum glauben Sie, Drogen zu benötigen, Mr. Lee?"[69] Nachdem erzählerisch eingeflochten wird, dass eine solche Frage ziemlich genau Auskunft darüber gebe, wie wenig Ahnung der behandelnde Arzt von Opiaten und ihren Effekten habe, antwortet Lee: „Ich brauche es, um morgens aufzustehen, mich zu rasieren und zu frühstücken."[70] Ohne Zweifel wird an dieser Stelle die Zwanghaf-

---

[68] Burroughs (1953). Im Folgenden zitiert nach der deutschen Ausgabe (vgl. Burroughs, 1999).
[69] Burroughs (1999, S. 132).
[70] Ebd., S. 133.

tigkeit angesprochen, die mit der Sucht einhergeht. Allerdings geht Lees Antwort
auch darüber hinaus. Der Arzt konkretisiert seine Frage: „Ich meine psychisch."
Lee zuckt mit den Achseln und denkt sich: Ich „könnte ihm genausogut seine Dia-
gnose geben, damit er geht". Aber nein, Lee schleudert dem Arzt nur entgegen,
dass es „ein schöner Rausch" sei, um dem Leser sogleich das Gegenteil mitzuteilen: „Opiat ist kein ‚schöner Rausch‘".[71] Außer der Tatsache, dass er süchtig
macht, weiß Lee nichts Besonderes vom Stoff zu berichten, keine Erkenntnis, nicht
einmal eine erhabene oder entrückte Stimmung. Vielmehr „braucht" Lee die Drogen, um die profanen Dinge des Alltags zu bewerkstelligen – und vielleicht um
nicht über dem konformistischen Irrsinn der Zeit tatsächlich verrückt zu werden.
Burroughs' Erzählung trifft ziemlich genau die von Holmes beschriebene Stimmung, die vielleicht am besten existentialistisch zu nennen wäre und weder einen
apokalyptischen Ton anstimmt noch auf eine bereits in Umrissen erkennbare Erzählung einer anderen, psychedelischen Welt abstellt. Die Frage „Why to live?"
stellt sich nicht, nur jene danach, *wie* das Leben zu bewältigen sei.[72]

Auch ohne große Erzählung, ohne Euphorie drängt in den frühen Jahren der
Beats eine Aufbruchstimmung an die Oberfläche. Zunächst kreist zwar alles um
die Ablehnung des Spießerkanons, die jedoch zugleich auf der Suche nach neuen
Ufern, nach einem neuen Lebensgefühl ist. Und weil keine Erzählung tragfähig
oder plausibel erscheint, weil es sich zunächst nicht um einen politischen Protest
im engeren Sinn handelt, gilt die Aufmerksamkeit so etwas wie einem „heiligen
Nichts".[73] Dieses Nichts ist vor allem deshalb sexy, weil es auch die alten, starren
Regeln, die tief eingefahrenen Wege übergeht und nichts wie selbstverständlich
gelten lässt.

Dekonditionierung heißt auch, die traditionellen Muster von richtig und falsch
in Bezug auf Sexualität über Bord zu werfen. Homosexualität findet in den späten 1940er und frühen 1950er Jahren seinen Platz irgendwo zwischen pathologisch
und kriminell. Ohne das Thema emphatisch zu politisieren, ist es dennoch im Kontext der Beats immer Gegenstand der Verhandlung. Ein gewisser Drang zerrt an den
Ketten und führt zu einem neuen, bisweilen noch unklaren Selbstgefühl. In einem
Brief an Ginsberg im Mai 1951 formuliert es Burroughs deutlich: „Aber ob ich mit
einer Frau schlafe oder mit tausend, es *betont* doch nur die Tatsache, daß eine Frau
nicht das ist, was ich will. Es ist natürlich besser als nichts – so wie Tortilla besser

---

[71] Ebd.

[72] Camus' Argument, dass man sich Sisyphos als glücklichen Menschen vorstellen müsse,
sucht man in Burroughs' Text allerdings vergeblich. Insofern repräsentiert er eher eine distanzierte Bitterkeit, die nur am Ende des Buchs von subtilen Hoffnungen durchbrochen
wird, mithilfe anderer Drogen andere Dinge zu erfahren (vgl. Camus, 2000).

[73] Kerouac (1998, S. 211).

ist als nichts zu essen. Aber egal wie viele Tortillas ich esse, ich möchte trotzdem ein Steak."[74]

Auch das Schreiben bzw. der Schreibprozess gerät in den Sog der Dekonditionierung und will aus dem alten Sumpf heraus. Burroughs entwickelt eine Methode, lineare Erzählstrukturen, die immer schon angepasst sind, aufzubrechen und gewissermaßen Unsinn oder Nichtsinn hervorzurufen. Dafür werden die einzelnen Zeilen geschriebener Texte herausgeschnitten, gemischt und neu zusammengesetzt. *Cut-up* heißt das Verfahren.[75] Mehr mit Drogen hat allerdings der Versuch zu tun, das Schreiben zu automatisieren, ähnlich wie die Surrealisten mit der *écriture automatique*. Während Ginsberg seine lyrischen Texte im klassisch vernünftigen Stil unzählige Male überarbeitet, abschleift und umbaut, interveniert Burroughs mit der Vorstellung, Schreiben müsse ein automatisierter Prozess sein, der nur aufzeichnet, statt eine abgerundete Komposition abzugeben. Es gilt ja, die zugerichtete Maske des gesellschaftlich geformten Subjekts endlich abzulegen. In David Cronenbergs Verfilmung *Naked Lunch – Nackter Rausch* von 1991 redet auch Kerouac auf Ginsberg ein, dass ein geschriebener Text nicht verändert werden dürfe: „Aber du darfst es [das bereits Geschriebene] auf keinen Fall neu schreiben. Wenn du etwas überarbeitest, heißt das, dass du dich selbst belügst und betrügst. Du betrügst deine eigenen Gedanken. Wenn du Redefluss und Rhythmus der Worte antastest, ist das wie Verrat." Ginsberg wendet sich ertappt an Burroughs: „Ist Neuschreiben wirklich Zensur, Bill? Wenn es so wäre, säße ich echt in der Scheiße." Dieser antwortet präzise: „Jeden *vernünftigen* Gedanken solltest du vertilgen. Zu dem Schluss bin ich jedenfalls gekommen."[76] Folgerichtig beschreibt Burroughs sich als „Aufzeichnungsgerät", das „unvernünftig" aufzeichnet, was die unreflektierte und ungespiegelte Perzeption empfängt. „Alles, was ich schreibe, kommt aus meiner seherischen Veranlagung. Man setzt sich hin, ein Licht geht an, und man sieht eine Kulisse oder eine Figur. Anders gesagt, einen Roman schreiben ist wie einen Film sehen. Ich schreibe ihn ab."[77] Drogen schließlich helfen, diese „seherische Veranlagung" ins Werk zu setzen und das Schreiben jenseits vernünftiger Anschauung und stilistischer Abwägung zu ermöglichen. Kerouacs *On the*

---

[74] Burroughs (1993, S. 89). Die Zerrissenheit wird auch an anderer Stelle deutlich: „Mein Lieber, ich baue an der wunderbarsten aller Erfindungen ... ein Knabe, der verschwindet, wenn es bei dir kommt, und den Geruch brennenden Laubes und den Ton einer weit entfernt pfeifenden Lokomotive zurückläßt" (Burroughs, 1995/1959, S. 97).

[75] Burroughs ist nicht der alleinige Erfinder dieser Technik. Er entwirft sie zusammen mit Brion Gysin. Ähnliche Versuche gab es von Max Frisch oder James Joyce.

[76] David Cronenberg (Regie): *Naked Lunch. Nackter Rausch*, Kanada, UK, 1991. Zur Verbindung von Film und Buch siehe u. a. Downing (1998).

[77] Zitiert in Morgen (1988, S. 595), deutsch zitiert in Watson (1997, S. 311).

*Road* ist auf ganz ähnliche Weise zustande gekommen: „Voll mit Benzedrin und Marihuana raste er [Kerouac] durch sein zweites Buch. Er schrieb es auf einer Rolle Fernschreiberpapier, die er sich bei UPI geborgt hatte."[78] Benzedrin und Marihuana liefern den Rahmen,[79] ungefiltert vom durch Sozialisation und Kultur domestizierten Verstand, einen Schreibfluss zu entwickeln, der einfach „nur" aufzeichnet. Es handelt sich um ein „ekstatisches Aufgeben der bewußten Kontrolle über die Sprache, eine intuitive Antwort auf die innere Stimme".[80] Rausch ist die Möglichkeitsbedingung des Schreibens jenseits veralteter Werte.

Zugleich ist Schreiben keine kreative Leistung eines Individuums mehr, das sich und seine Gedankenwelt aufs Spiel setzt und einer Außenwelt anvertraut. Vielmehr ist es nur Ausdruck vermeintlich frei flotierender Informationen. Burroughs etwa schreibt nicht im Sinne alter emphatischer Literaturproduktion. Ihm wird, als Effekt dekonditionierender Drogen, der Text von der Schreibmaschine diktiert; und welche Maschine vor ihm steht, ist dann von entscheidender Bedeutung. Das Dreieck aus Droge, Aufschreibegerät und Körper, die miteinander in Zirkulation geraten, produziert den Text, dessen Autorenschaft von Burroughs recht konsequent abgelehnt wird. So quer die Dinge sonst auch zueinander liegen mögen, hier treffen sich die kybernetische Idee des Denkens als „subjektloser Prozeß"[81] und der von den Beats getragene Gedanke, das Schreiben von der emphatischen Figur eines je individuell denkenden Subjekts zu reinigen.

Die Beats sind also vorerst auf verschiedene Weise „unterwegs", ohne genau zu wissen, wohin. Was sie allerdings eint, ist der Versuch, auch und nicht zuletzt mithilfe des Rauschs die Grenze des Vernünftigen und Subjektiven zu überschreiten, hinter die Fassade des bürgerlichen Lebens zu schauen, ohne zugleich Antworten zu liefern. Burroughs erfindet in seinem 1959 erstmals in Paris veröffentlichen Buch *Naked Lunch* für diesen Zwischenraum, für diesen undefinierten Bereich eines Dazwischen den Namen *Interzone*. Neben der realen Bedeutung des Begriffs als „the International Zone of Tangier, a sort of Berlin of North Africa",[82] wo sich Burroughs längere Zeit aufhält und das Buch schreibt, kommt *Interzone* auch eine symbolische Funktion zu. Diese Zwischenzone gleicht jenem vom Rausch getragenen imaginären Ort, an dem die gesetzten Regeln bürgerlichen Lebens zu den Akten gelegt wurden und die bis dato verdrängten und unterdrückten Nei-

---

[78] Stevens (1988, S. 104).
[79] Welche Drogen die Beats wann genommen haben, diskutiert Long (2005).
[80] Tytell (1984, S. 146).
[81] Hörl (2008, S. 172).
[82] Jeahne und Cronenberg (1992, S. 2). Ginsberg berichtet, dass der Blick aus dem Fenster der „East 7th Street" in New York neben einigen anderen Einflüssen der Schlüssel für das Bild von *Interzone* sei (Ginsberg und Skerl, 1986, S. 273).

gungen ebenso aufbrechen wie das automatisierte Schreiben möglich wird. Hinter den immer offenen Türen von *Interzone* verbirgt sich, weiß Burroughs zu berichten, ein Gewimmel wilden Drogenkonsums, „beischlafende Pärchen, ein Gewirr von tausend Hängematten, Süchtige binden sich den Arm für eine Spritze ab, Opiumraucher, Haschischraucher, Menschen essen, sprechen und tauchen in den Nebel von Dampf und Rauch zurück".[83] *Interzone* ist freilich nicht das Gelobte Land, es hat wenig bis nichts mit dem alten Topos des künstlichen Paradieses von Charles Baudelaire zu tun. Vielmehr entzieht sich dieser Ort (oder Nichtort) jeder Klassifizierung, jeder normativen Einordnung. „Knaben hocken auf Bäumen und onanieren träge. Von unbekannten Krankheiten zerfressene Menschen beobachten mit bösen, wissenden Augen die Vorübergehenden."[84] *Interzone* bewirkt – als Rauschort – die Dekonditionierung, den Durchbruch der Homosexualität und das vom Verstand nicht zurechtgestutzte Schreiben. Der Rest bleibt Verwirrung, Irritation und ein unaufhörliches Spiel mit dem Wahnsinn.

Gerade der Wahnsinn ist ein anderes Verhaltensmuster, das mit verschiedenen Auffassungen und Konnotationen des Rauschs in engem Zusammenhang steht. Wenn allerdings die (heteronormative) „post war society", die bürgerliche Normalität, die eigentliche Zurichtung, das falsche Leben ist, gerät die Kategorie Wahnsinn selbst in Bedrängnis. Was ist schon Wahnsinn? Wann und warum könnte eine solche Kategorie zur Geltung gebracht werden, ohne dass sie dazu beiträgt, die engen Grenzen der Normalität zu stabilisieren? Was in den Gemäuern der Psychiatrie durch LSD ins Wanken gerät, wird hier künstlerisch in Zweifel gezogen, wenn auch im Detail ganz anders: die Gegenüberstellung von Wahnsinn und Vernunft.

In *Naked Lunch*, das die Bilanz eines langen und heftigen Drogentrips ist,[85] radikalisiert Burroughs die Gegensätze gesund/krank oder gesund/wahnsinnig so weit, dass sie ununterscheidbar werden. Die Parodie auf den Beruf des Psychiaters in der Figur Dr. Benway ruft das Zerrbild einer normalisierenden Anstalt, einer Disziplinarmaschine auf. Seitenweise lässt Burroughs Dr. Benway über verschiedene Methoden monologisieren, „automatischen Gehorsam" herzustellen und zugleich den je individuellen Willen der Patienten zu brechen. Dabei sind immer Drogen im Spiel.[86] Die Kategorie des Wahnsinns ist gerade keine objektiv feststellbare Krankheit, und der Rausch wird nicht als nützliche (weil einer möglichen Heilung förderliche, Erkenntnisse bringende) Parallele verstanden. Vielmehr

---

[83] Burroughs (1995/1959, S. 92).

[84] Ebd., S. 94. Ginsberg erklärt im erwähnten Interview einige Jahre später, *Interzone* und vor allem die Beschreibung des Marktes „has been the seed of all his work" (Ginsberg und Skerl, 1986, S. 273).

[85] Zur Entstehungsgeschichte von *Naked Lunch* siehe u. a. Ginsberg und Skerl (1986).

[86] Burroughs (1995/1959, S. 28).

erscheinen psychiatrische Institutionen genauso wie das Wissen des Psychiaters im düsteren Licht von Konditionierung und Manipulation. Dabei kehren sich die Begriffe um: „Wahnsinn wird zum erwarteten Verhalten der Behörden, der politischen und institutionellen Mächte der Kontrollmaschine."[87] Kesey wird mit *Einer flog über das Kuckucksnest* nur kurze Zeit später dieser Problematisierung psychiatrischer und letztlich gesellschaftlicher Praktiken ein einschneidendes und viel diskutiertes Buch widmen.[88] Er wird auch mit Vehemenz der psychedelischen Bewegung auf die Beine helfen.

Für Burroughs sind die Drogen in diesem Spiel von Manipulation und Kontrolle das vorläufig entscheidende Mittel in der Hand des Arztes (oder Manipulators): Solange „wir keine genauere Kenntnis der elektrischen Vorgänge im Gehirn haben", erklärt Benway, „bleibt die Droge das wesentliche Werkzeug des Verhörenden bei seinem Angriff auf die Persönlichkeit eines Individuums".[89] Der Hinweis auf diese „elektrischen Vorgänge" eröffnet zugleich eine andere Spur und baut eine noch wenig belastbare Brücke zur Kybernetik. Wenngleich Burroughs wenig konzise, strukturiert und positiv denkt, verdeutlicht sie dennoch, dass er – und mit ihm die Beats – gut über den Stand der Wissenschaft informiert ist. Er verweist direkt auf den oben diskutierten „M-Factor", auf die Mitte der 1950er Jahre gerade spruchreife Vermutung, Schizophrenie sei ein Stoffwechselproblem, und Drogen (in erster Linie LSD) imitierten dieses: „[A]lso ist Schizophrenie höchstwahrscheinlich eine Drogen-Psychose."[90] Relativ unvermittelt spricht Burroughs, in den Worten von Dr. Benway, eine bedeutende Verschiebung an. Im Kontext kybernetischen Denkens erhalten die Kategorien Information und Elektrizität, die sich im Modell der „Denkmaschinen" verdichten,[91] zunehmend die Rolle, als Schnittmuster zur Erklärung dessen zu fungieren, was gemeinhin dem Menschen als Denken, Fühlen und Verstehen zugeschrieben wurde. Davon wird noch zu reden sein.

Auch bei den Beats macht sich also Aufbruchstimmung breit. Sie laufen, sehr unterschiedlich freilich, los, ohne das Ziel zu kennen, lediglich beseelt vom Gedanken, etwas ganz anderes möge sich ereignen; ein ganz anderes Leben müsse möglich sein. Die Droge LSD hat bis Mitte der 1950er Jahre noch nicht die große Runde gemacht, wird aber später Teile der Beats auf einen anderen Film bringen. Noch dominiert die Intention, sprichwörtlich wie buchstäblich unterwegs zu

---

[87] Tytell (1984, S. 122).
[88] Kesey (1982/1962). Der US-amerikanische Psychiater und scharfe Kritiker der Drogenpolitik Thomas Szasz wird wenige Jahre später theoretisch die Psychiatrie ähnlich lesen (Szasz, 1978/1970); zu seiner Kritik der Drogenpolitik der USA Szasz (1974) und Szasz (1982).
[89] Burroughs (1995/1959, S. 27).
[90] Ebd., S. 35.
[91] Ebd., S. 27.

sein, die Dinge in Bewegung zu bringen und gegen das verkrustete Spießertum der Nachkriegsgesellschaft Sturm zu laufen. Dabei ist das Spielfeld am Horizont schon zu erkennen, auf dem LSD seinen Zauber vollführen wird: Eine Mischung aus Sartre, Oswald Spenglers *Untergang des Abendlandes*,[92] Wiener und dem elektrischen Gehirn.

---

[92] Spengler (1991/1918).

# Durchbruch: Mystik, Kybernetik und Beatkult

**3**

## Episode I: Chemische Mystik

Während die Beats also noch „unterwegs" sind, ist LSD in den Psychiatrien und psychotherapeutischen Behandlungszimmern schon eine große Nummer. Zwar zeigen sich erste Risse, die deutlich machen, dass LSD-Rausch und Wahnsinn (genauer: Schizophrenie) vielleicht verwandt, aber wahrscheinlich nicht identisch sind und die langwierige Forschung keine Abkürzung nehmen kann. Die fortlaufenden Bemühungen machen also deutlich, dass das Rätsel des Wahnsinns nicht auf die Schnelle zu lösen sein wird.

Doch gerade zu jenem Zeitpunkt, als die Wissenschaft mit leichter Ernüchterung feststellen muss, dass der Unterschied zwischen Theorie und Praxis in der Praxis größer ist als in der Theorie, dringt die Nachricht von der neuen Wunderdroge nach außen. Im klassischen Stil der Populärwissenschaft macht sich die Erzählung einer neuen, anderen Welt auf den Weg. Mit einiger Verzögerung kommen die Debatten sogar in Europa an. 1967, als der Zug in den USA bereits volle Fahrt aufgenommen hat und kurz davor ist, aus dem Gleis zu springen, heißt es etwa in *Die Zeit* unter der Überschrift „Chemische Mystik", dass „drei geheimnisvolle Buchstaben [...] Amerika und jetzt auch Europa in Atem [halten]. LSD". Hans Krieger, der Autor des Textes, skizziert die Debatte in groben Zügen, verkennt jedoch die Dimension der LSD-Erfahrung. Huxley als einer der Wortführer habe etwa dem „modernen Menschen" geraten, „seine ‚Pforten der Wahrnehmung' mit Meskalin zu reinigen, um höherer religiöser Erfahrung teilhaftig zu werden".[1] Jener Huxley, der gemeinsam mit Osmond die Wortneuschöpfung *psychedelisch* zu verantworten haben wird, trägt mit seiner Rauschskizze in *Die Pforten der Wahrnehmung* von 1954 zwar wesentlich dazu bei, einen zunächst eher akademischen Blick unter die Leute zu bringen und damit – in Teilen jedenfalls – berauschten Phantasien zum Durchbruch zu verhelfen. Das religiöse Moment dieser chemi-

---

[1] Krieger (10. März 1967).

schen Mystik ist jedoch mindestens eigenwillig, weil es von dieser Welt ist und
gerade nicht von einer anderen, transzendenten. Es spült gewissermaßen wissenschaftliche Hypothesen und Hoffnungen in die Popkultur und steht symbolisch für
die Verschiebung einer vormals psychiatrisch geführten Debatte hin zu einer radikalen, anderen Weltdeutung, zu einer Philosophie, die keine sein will. Dabei wird
der Text einflussreich, vielleicht sogar stilbildend. „The Doors" wird zum Schlag-
wort und von Jim Morrison zum Namen einer der bedeutendsten Bands der 1960er
Jahre auserkoren. Sicher sind die Zeiten, wie alle anderen auch, komplex und vielgestaltig. Huxleys recht knapper Text sticht Mitte der 1950er dennoch hervor und
trägt zur Verbreitung einer diffusen Aufbruchstimmung bei.

Der bereits sechzigjährige Huxley, der zuvor mit *Brave New World* für Aufsehen sorgte, beschreibt seine Erfahrungen mit Meskalin und rekapituliert die bereits
angesprochenen Forschungsbemühungen von Osmond und Smythies. Dabei hebt
er hervor, dass im Gehirn selbst chemische Elemente (z. B. „Adrenochrom") vorhanden seien, die – wie LSD und Meskalin – eine fulminante Veränderung des
Bewusstseins erzeugen könnten.[2] Dabei sind diese Veränderungen nicht „revolutionär" im Sinn von „völlig andersartig" oder „nicht von dieser Welt". Die „,an-
dere' Welt, zu der das Meskalin mir Zutritt gewährte", schreibt er, „war nicht die
Welt der Visionen; sie existierte draußen, war das, was ich mit offenen Augen
sehen konnte. Die große Veränderung vollzog sich im Bereich *objektiver Tatsachen*."[3] Osmond hatte zuvor, ebenfalls infolge eines Selbstversuchs mit Meskalin,
die vormals unstrittige Tatsache einer „objektiven Realität" infrage gestellt und
vermutet, das Gehirn sei eher als biochemischer (Regel-)Kreislauf zu interpretieren. Wenn Schizophrene nicht in Metaphern und Bildern sprechen, die etwa für
Traumata oder Störungen stehen, sondern eine in vollem Umfang andere Wirklichkeit erleben, die auch noch mit gleichsam winzigen Mengen psychedelischer
Drogen zu imitieren sei, habe sich die Idee einer strikten Trennung objektiver Realität und subjektiver, vielleicht kranker, verwirrter oder psychedelischer Erkenntnis
erledigt. Das Gehirn produziere die vermeintlich objektive Realität erst. Aus diesem Argument folgt einerseits, dass die Vorstellung *einer* Realität falsch ist und
ganz andere Realitäten denkbar sind – ein Gedanke, der zunächst in der psychiatrischen Forschung aufkam und nun, vermittelt über den berühmten Literaten
Huxley in eine erzählerische Form gegossen wurde und nach außen dringt. Andererseits lässt sich vermuten, dass das Denken nicht zwingend dem Subjekt eigen
ist, sondern als (biochemisch beeinflusster) gewissermaßen autarker Vorgang im
Gehirn in Erscheinung tritt. Wenngleich ganz anders als bei Burroughs „dämmert"

---

[2] Vgl. Huxley (2010/1954, S. 10f.).
[3] Ebd., S. 15, H. d. A.

dennoch auch hier das Bild des Denkens „als subjektloser Prozeß",[4] der je nach biochemischer Konstitution unterschiedliche Realitäten aufruft.

Auch wenn es sich um Veränderungen der „objektiven Tatsachen" handelt, erfährt Huxley im Rausch dennoch einen „göttliche[n] Ursprung allen Daseins".[5] Theoretisch allerdings läuft die Beschreibung der chemischen Mystik auf die These hinaus, das Gehirn sei in erster Linie ein starker Filter, der „hauptsächlich *eliminierend*" wirke.[6] Das Denkorgan ignoriert also eine ungeheuerliche Menge an Informationen, Bildern und Gedächtnisinhalten, damit das Individuum sich auf einen überschaubaren Horizont begrenzen kann und handlungsfähig bleibt. Dies bedeutet aber auch, dass „jeder Mensch [theoretisch] in jedem Augenblick fähig [wäre], sich all dessen zu erinnern, was ihm je widerfahren ist, und alles wahrzunehmen, was irgendwo im Universum geschieht". Jeder Mensch „verfügt potentiell [...] über das größtmögliche Bewußtsein".[7] Drogen schließlich schalten die sozialisierten Bewusstseinsfilter ab und lassen den gesamten, biologisch vermittelten Erfahrungshorizont in eben dieses veränderte, modifizierte Bewusstsein treten. Im Meskalin-Rausch, der eine wesensgleiche aber leicht vernebelte Version eines LSD-Trips sei, eröffnet sich also die Tatsache, dass eigentlich alles mit allem zusammenhängt, weil sich prinzipiell alles im Bewusstsein versammelt, was im Universum vor sich geht.

In der Verlängerung dieses Arguments taucht, zunächst in dieser Klarheit nur bei Huxley, eine andere Idee am Horizont auf, ein anderer Ort einer komplexeren, vielschichtigeren *Realität*, die im Körper selbst liegt und zugleich den Umfang des ganzen Universums hat. Huxley erlebt auf seinem von Osmond initiierten Trip eine fulminante „Ichlosigkeit".[8] Der Rausch trägt den Menschen, erklärt Huxley an anderer Stelle, sehr weit fort, hinter die subjektive oder bewusste Oberfläche des Individuums und selbst über das gesellschaftlich vermittelte Unbewusste hinaus: „Wir verlassen die alte Welt, überqueren den trennenden Ozean und finden uns in einer Welt des intimen Unterbewussten wieder, mit seiner Flora und Fauna von Unterdrückung, Konflikt, traumatischen Erinnerungen", beginnt seine Beschreibung. „Weiterreisend erreichen wir eine Art Fernen Westen, bewohnt von C. G. Jungs Archetypen und dem unbearbeiteten Material menschlicher Mythologie. Jenseits dieser Region liegt ein ausgedehnter, stiller Ozean. Über ihn schwebend auf den Flügeln von Meskalin [...] erreichen wir, was man vielleicht das genaue Gegen-

---

[4] Hörl (2008, S. 172).
[5] Huxley (2010/1954, S. 14f.).
[6] Ebd., S. 19.
[7] Ebd.
[8] Ebd., S. 22.

teil des Geistes [mind] nennen könnte."[9] Es eröffnen sich also Sphären, Bereiche und Landschaften, die noch viel weiter entfernt liegen, als die von C. G. Jung bestimmten Archetypen, als alles, was die Mythologie dem Menschen bereits als sein Eigenes zugestanden hatte. Diese Reise sei vergleichbar mit der Entdeckung Australiens, nur auf „psychologischem" Terrain. Dort trifft man auf bislang völlig unbekannte Arten wie „Kängurus, Wallabys, [...] eine große Menge von extrem unwahrscheinlichen Tieren, die dennoch existieren und beobachtet werden können."[10] Huxley formuliert metaphorisch die Vermutung, dass sich im Meskalin- und LSD-Rausch jenseits unbewusster Spuren innere und bislang nicht erahnte Landschaften eröffnen, die wissenschaftlich beobachtet und begutachtet werden können, da es sich um Eindrücke aus dem Bereich der „objektiven Tatsachen" handelt. „Zum ersten Mal war eine Wissenschaft der Anderen Welt möglich. Vielleicht."[11] Im psychedelischen Rausch sieht Huxley einmal mehr den von Gustave Flaubert einige Jahrzehnte früher erhofften „Anfang einer Wissenschaft des Rauschs",[12] die auf ganz andere Pfade führen könnte.[13]

Huxleys Skizze eines Meskalinrauschs beinhaltet also einige wesentliche Elemente, die im Kontext einer kybernetischen „Ordnung der Dinge" im Detail ausbuchstabiert werden. Das Reich, zu dem LSD und Meskalin die Pforte öffnet, ist nicht mehr substantiell von der Welt empirischer Wissenschaft getrennt, sondern formt sich erst durch einen anderen Blick, durch ein anderes Sehen auf das, was uns umgibt. Dabei hat sich die alte Trennung von Subjekt und Welt genauso erledigt wie jene von Immanenz und Transzendenz. Der Moment der Wahrnehmung aller möglichen biologischen Vorgänge, der Entdeckung des inneren Australiens mit all seinen exotischen und unbekannten Tieren, wird von einem Wissen überformt, das jenseits des Subjekts die zirkuläre Verbundenheit von allem mit allem verdeutlicht: „Im letzten Stadium der Ichlosigkeit [...] kommt es zur „dunklen [obscure] Erkenntnis", daß das All alles umschließt und daß im Grunde jedes Teilchen das All ist."[14]

Noch ist dieses neue Wissen der „All-Einheit", der unmittelbaren Verbindung von Individuum und Universum, undeutlich, dunkel und verworren („obscure").

---

[9] Huxley (1983/1954b, S. 88).

[10] Ebd., vgl. Huxley (1983/1954a).

[11] Stevens (1988, S. 48).

[12] Flaubert (2002, S. 58).

[13] Hier muss ergänzt werden, dass die Vorstellung einer „Vollkommenheit" bzw. eines „idealen Menschen" in Huxleys Schriften bereits deutlich älter ist (vgl. Kretschmer, 1998, S. 179ff.).

[14] Huxley (2010/1954, 22). Im Original: „In the final stage of egolessness there is an „obscure knowledge" that All is in all – that All is actually each."

Allerdings deutet sich schon in den *Pforten der Wahrnehmung* bzw. in der Zusammenkunft von Osmond und Huxley an, welches Potential in den psychedelischen Drogen vermutet wird und dass die Verschränkung von Literatur, Wissenschaft, Religion und Philosophie ein neues, umfassendes Rauscherlebnis kreiert. Die Szenerie jedenfalls ist idealtypisch: Ein (bekannter) Literat und Philosoph und ein Psychiater – jeweils vom Meskalin fortgetragen – kommunizieren über die unendlichen Weiten im Inneren des Menschen und indirekt über die Auflösung des klassischen Bilds vom denkenden Subjekt.

Zwei Jahre nach seinem ersten Ausflug in die Weiten des Meskalins kommt Huxley mit LSD in Berührung. Im Prinzip erlebt er im LSD-Rausch das Gleiche wie auf Meskalin, allerdings verschwinden die undeutlichen und verschwommenen Elemente, und alles stellt sich in völliger Klarheit dar, wie Huxley in einem Brief an Osmond festhält: „Was durch die geschlossene Tür kam, war die Erkenntnis, das direkte und totale Bewusstsein, aus dem Inneren sozusagen, das Bewusstsein von Liebe als dem ursprünglichen und fundamentalen kosmischen Fakt." Auch wenn die Wörter, die Sprache allgemein, den Punkt beständig verfehlen und eher wie fragwürdiges Geschwätz klingen, bleibt die totale Einsicht unzweifelhaft erhalten.[15]

Huxley liefert mit seinem Text gewissermaßen ein Programm der chemischen Mystik, das so oder so ähnlich Schule machen wird. Er transformiert akademische Spekulationen in eine ästhetisierende Beschreibung, die lange nachhallt. Zwar versagt die Sprache, oder sie muss sich auch jetzt noch weitschweifiger Metaphern bedienen. Die andere Welt jedoch wird plastisch, greifbar, erfahrbar. Was vormals in trockenen, akademischen Überlegungen verhandelt wurde, bekommt 1954 ein schönes, literarisches Gewand.

Damit jedoch aus den unklaren Vermutungen die Entdeckung einer vollends anderen Welt erwachsen kann und die Vorstellung *einer* Realität über Bord geht, braucht es auch einen anderen Signifikanten. Damit der Durchbruch gelingen und der Nebel sich verziehen kann, muss ein Name gefunden werden, weil das alte Geschwätz, die überkommene Sprache des Rauschs, keine angemessenen Werkzeuge liefert. Sie spricht immerzu von Transzendenz und hängt damit immer noch im alten Dunst der Romantik.

Auf Huxleys Einladung hin fährt Osmond 1956 nach Los Angeles, um sich mit ihm zu treffen. Man debattiert darüber, dass es keinen angemessenen Begriff, kein Wort gibt, das die Dimensionen einer LSD-Erfahrung auch nur erahnen ließe. Schließlich sei etwas völlig Neues im Gang. Huxley versucht sich, um das Problem zu lösen, an einer begrifflichen Ableitung von „spirit or soul" und formuliert

---

[15] Vgl. Stevens (1988, S. 56).

die Zeilen: „To make this trivial word sublime,/ Take half a gramm of phanerothyme."[16] Osmond empfindet den Neologismus *phanerothyme* als zu schön und
antwortet: „To fathom hell or soar angelic,/ Just take a pinch of psychedelic."[17]
Damit, so die Erzählung, ist Huxley einverstanden und der Neologismus *psychedelic* erblickt 1956 das Licht der Welt.

Die Zusammensetzung aus dem griechischen *psyche* (Seele) und *delos* (offen-
kundig, offenbar) deutet dabei an, dass es mit LSD und Meskalin möglich sei,
andere, tiefere und nicht zuletzt unbewusste Spuren des Seelenlebens zu erforschen bzw. zugänglich zu machen. Der Begriff wird in der (Forschungs-)Literatur
zunächst auch als Synonym für „psychotomimetic" (Psychosen nachahmend)
verwendet,[18] also als Name für künstlich durch LSD hervorgerufene Psychosen
bzw. schizophrene Zustände. Aber er impliziert vorrangig eine andere Ebene
der Erkenntnis, die weit über den Vorstellungsraum des nüchternen Bewusstseins hinausreicht. Insbesondere das erste *e* des Worts – es heißt ganz bewusst
nicht psych*o*delisch – verweist darauf, dass es sich nicht nur um einen imitierten oder tatsächlich problematischen Zustand handelt. Psych*o*delisch würde, so
Osmonds Befürchtung, falsche Assoziationen in Bezug auf *psychotisch* wecken
und damit latent den Eindruck vermitteln, dass entsprechende Zustände vor allem
wahnsinnige sind. Vielmehr steht eine mögliche Vergegenwärtigung verdrängter,
unbewusster und überlagerter Elemente des Seelenlebens im Vordergrund, die sich
zur spirituellen Erfahrung, zur „chemischen Mystik" auswachsen.[19] Hier zeigt
sich, welches Potential der neuartigen Substanz unterstellt wird. Es bedarf eines
neuen Begriffs, um die Erfahrung ansatzweise einzuholen, weil sie nicht von dieser
Welt und dennoch Realität sei. „Psychedelisch" gibt schließlich dem Durchbruch
seinen Namen.

Während mit dem neuen Begriff das Label gefunden ist, damit Stoff und Erfahrung breitenwirksam werden können, geht die Forschung zu Rausch und Wahnsinn
weiter. Hinter den Mauern der Psychiatrie erden sich zwar die ersten hochflie-
genden Hoffnungen einer schnellen Enthüllung des Geheimnisses, was Wahnsinn
eigentlich sei. Das chemical brain steht jedoch weiter auf der Tagesordnung und
mit ihm der Verdacht, mit der einen Realität und deren subjektiver Erfahrung sei
es nicht sonderlich weit her. Zwar ist der Wahnsinn doch nicht so leicht erklärbar.
Die alte Selbstgewissheit des Menschen jedoch, Herr im Haus zu sein (die ja zuvor schon von Freud erschüttert wurde), wird von einem Stoff wie LSD heftig ins

---

[16] Zitiert in Stafford (1992, S. 5).
[17] Zitiert in ebd.
[18] Ebd.
[19] Grof (1985/1975, 24).

Wanken gebracht. Auch die therapeutische Intervention mit LSD kommt immer häufiger zur Anwendung. Anscheinend öffnet die Substanz einen direkten Kanal zum Unbewussten und erzeugt eine belastbare, das heißt therapeutisch nutzbare Feedbackschleife zu jenen weit verdrängten Gedächtnisinhalten. Mit ihr scheint es zu gelingen, die Zurichtungen der Sozialisation mit einem Mal zu durchbrechen und das weite Feld des Unbewussten betreten zu können. Die Therapie heißt *psycholytisch*, weil sie – mithilfe von LSD – Traumata nicht einfach aktualisiert, um sie dann langwierig bearbeiten zu können. Sie löst vielmehr die bedingenden, unbewussten Strukturen auf und ermöglicht so eine völlige Neuorientierung.

Das heißt auch, dass der alte Mensch mit seiner überkommenen Trennung von bewusst und unbewusst, von verdrängten Prägungen und akutem Befinden, so nicht fortexistiert. Die psycholytische Therapie antizipiert vielmehr ein neues Menschenbild, ein anderes Bewusstsein und ein anderes Selbst, das gerade nicht mehr von der üblichen Konstellation geprägt oder geformt wurde.[20] Psycholytisch und psychedelisch funktionieren gewissermaßen kongenial. Während das eine im therapeutischen Setting alles auf den Kopf stellt, umschreibt das andere eine Erfahrung, die jenseits des sprichwörtlichen Sofas das Gleiche vollführt: Es ändert alles.

Etwa Mitte der 1950er Jahre bricht also etwas durch, das zuvor vieldeutig, unklar und umstritten war. Streit gibt es darüber freilich weiterhin, doch mit Huxley und dem Begriff psychedelisch bekommt *die* Erfahrung eine erkennbare Kontur und eine Sprache. Die Rede von psychedelischen Erfahrungen, die nichts so belassen wie es war, verbreitet sich wie ein Lauffeuer. Im Zentrum dessen, was etwas verkürzt gern chemische Mystik genannt wird und was ab etwa Mitte der 1950er Jahre weit über einen elitären Kreis erleuchteter Psychiater und Literaten für Furore sorgt, kommen zugleich Konzepte und Begriffe, Modelle und Beschreibungen zur Anwendung, die dem experimentellen Setting der Macy-Konferenzen um Wiener und von Foerster entsprungen waren: Das Rauscherlebnis als reine, aber gleichsam endlos ausgedehnte Immanenz, die Strom- und Informationsflüsse, die Trivialität des klassischen Subjekts, die Rückkopplung mit den eigenen unbewussten Informationen usw. Mit LSD schließt die psychedelische Avantgarde also recht offensichtlich an einen Diskurs an, der sich bereits weit verbreitet hatte und – wenngleich verschliffen und popularisiert – ins Alltagswissen eingesickert war. Gehen wir also nochmal einen Schritt zurück zur Kybernetik, um das Bild abzurunden.

---

[20] Vgl. dazu u. a. Mechaneck u. a. (1968, S. 490); vgl. auch Crocket (1963). Etwas später wird vor allem Grof (1985/1975, S. 51) auf diese Weise arbeiten.

## Episode II: Kybernetikpop

Mit den Macy-Konferenzen war Ende der 1940er und Anfang der 1950er Jahre etwas ins Rollen gekommen, von dem noch keiner so genau wusste, wo es hinführen würde. Bei aller Komplexität lieferten die Debatten scheinbar dennoch einen gewissen Konsens. Im Unterschied zum veralteten Sehen zeigen sich zirkulierende Informationen, welche die Dinge zusammenhalten und die kontrolliert oder gesteuert werden können. Es geht also nicht mehr um eine Materialität, um deren Substanz, um Symbolik und räumliche Ordnungen. Das alles sind nur oberflächliche Erscheinungen einer tieferliegenden und universellen Wahrheit. Das Modell zirkulierender Informationen überschreibt gleichsam alle und generiert eine völlig andere Weltsicht. In dieser ist es auch nicht mehr ein handlungsfähiges Subjekt, das denkt und der Welt Beobachtungen abringt. Vielmehr erscheint das menschliche Gehirn eher als Knotenpunkt eines viel komplexeren Netzwerks.

Dieses neue Sehen entspinnt sich zunächst also genau wie die LSD-Phantasien im Kreis etablierter Wissenschaftler, die dem düsteren Lagebild nach dem Zweiten Weltkrieg und dem Holocaust etwas ganz anderes entgegensetzen wollen. Die Entwicklung der ersten Rechenmaschinen tut ihr Übriges, um die kybernetischen Theorien anzutreiben und dem klassischen Bild von Mensch und Welt und ihrer Opposition zueinander zu widersprechen. Doch gerade der Umstand, dass das kybernetische Modell erstens vergleichsweise einfach ist und zweitens auf alles angewendet werden kann, verhilft ihm recht bald dazu, die Mauern der Akademie zu überspringen und etwa zeitgleich zum steigenden Interesse an LSD ins allgemeine Wissen einzudringen.

Wieners bereits angesprochenes Buch *Mensch und Menschmaschine* erscheint zwar erstmals bereits 1950, wird aber im selben Jahr wie Huxleys *Die Pforten der Wahrnehmung* – 1954 – neu überarbeitet und publiziert. Mit seiner markigen Verallgemeinerung wissenschaftlicher Argumente, die zuvor im unverständlichen Sprachgestus der Wissenschaft verharren mussten, sorgt er für ähnliches Aufsehen wie Huxley. Das Buch ist im besten Sinne des Begriffs populärwissenschaftlich und erschließt schnell eine breite Leserschaft. Wieners zentrale These reicht weit über technische Modellierungen und Regelkreise hinaus und fokussiert die Gesellschaft, die nur vermittels ihrer Informationsflüsse verstanden werden kann.[21] Damit sind jedoch nicht nur die Menschen gemeint. Vielmehr kreisen Wieners Ausführungen beständig um die Vergleichbarkeit von Mensch und Maschine, die jeweils Informationen prozessieren und – wenn alles gut läuft – alsbald austauschen können. Wiener legt also eine kybernetische Gesellschaftstheorie vor.

---

[21] Wiener (1958, S. 16).

Und tatsächlich trägt, wenn man sich darauf einlassen will, die kybernetische Beschreibung sehr weit. Mit ihr lässt sich soziales und psychisches Verhalten abbilden; sie dekodiert komplexe gesellschaftliche Vorgänge genauso wie technische Interaktionen. Der Umstand, dass die ersten Computer anfangen, Informationen zu verarbeiten, lässt den Schluss zu, dass auch das menschliche Denken nichts anderes als ein Rechenprozess ist und die Droge LSD ihm Beine macht. Noch reicht die Rechenleistung nicht aus, dass den Maschinen ein je eigenes Bewusstsein erwachsen könnte. Das, so scheint es Mitte des 20. Jahrhunderts, ist jedoch nur eine Frage der Zeit; und dann wäre die menschliche Überheblichkeit, das Denken als etwas ganz Eigenes und Mysteriöses zu verkaufen, ad absurdum geführt.

Mit Wieners populärem Buch verbreitet sich also eine neue Ordnung der Dinge. Die Kybernetik adressiert nicht nur technische Spielereien und Computer, sondern setzt sich am Fundament des Wissens fest. Sie liefert eine verschobene epistemische Ordnung. „Wo zuvor das Leben, die Sprache oder die Arbeit ihre Einheit im Menschen fanden, treffen sie sich nun, über seine Grenzen hinweg, in Regelkreisen von Information, Schaltalgebra und Feedback."[22] Was mit den Macy-Konferenzen auf den Weg gebracht wird, gleicht einer (erkenntnistheoretischen) Tilgung des Menschen als Ausgangspunkt allen Wissens und spiegelt sich auch darin wider, wie psychedelische Erfahrungen eingefangen und bebildert werden.[23] Wenn Wissenschaft und Gesellschaft lernen würden, kybernetisch zu *sehen*, wären sie in der Lage, die alten Gräben und Brüche zwischen Mensch und Natur, zwischen Mensch und Technik, zwischen bewusst und unbewusst und letztlich zwischen berauscht und rational hinter sich zu lassen. Die kybernetische Perspektive, die im Kern darauf aufbaut, dass die Tools Information, System oder Feedback tatsächlich alles beschreiben und am Ende erklären können, errichtet zudem eine „Brücke zwischen den Wissenschaften",[24] eine Universal- oder gar „vereinigte Superwissenschaft",[25] die aufgrund ihrer völlig neu justierten Perspektive die Kluft zwischen den zwei Kulturen zu überwinden in der Lage sei. Die Hoffnung, die eine fast schon euphorische Stimmung bei den Konferenzen befeuert, besteht darin, dass „[m]oralische und wissenschaftliche Aspekte, natürliche und kulturelle Sphären in diesem Szenario [der Kybernetik] nicht mehr zu trennen" sind und die alten Kontroversen hinfällig werden.[26] Die Philosophie als Instanz der metaphysischen

---

[22] Pias (2003, S. 16).

[23] Pias markiert die erkenntnistheoretischen Bruchstellen des Konzepts, das, genauso wie die „anthropologische Illusion" zuvor auch, die Kontingenz der eigenen Perspektive zumeist verleugnet (vgl. Pias, 2003, S. 17ff.).

[24] Frank (1964).

[25] Hagner (2008, S. 68).

[26] Ebd., S. 47.

Spekulation hat in diesem Kontext ausgedient: „[Die] Kybernetik soll jenen An-spruch an (Letzt-)Begründung einlösen, den sonst die Philosophie gegenüber den anderen Wissenschaften behauptet hat, und sie soll zugleich auch noch dafür her-halten, den nicht anhaltenden Streit über die Anzahl, den Gegenstandsbereich und die Methode der unterschiedlichen Wissenskulturen zu schlichten."[27] Mitten in der drögen Landschaft der 1950er Jahre fällt ein solch fundamental neues Denken, das die alten Konfliktlinien aushebelt, auf einen fruchtbaren Boden.

Die Kybernetik beansprucht folglich auch, die Unterschiede von Ethik und Wis-senschaft, von Mensch und Welt einzuebnen und in zirkulären Systemen bzw. Re-gelungskreisen zusammenzubinden. Damit wird die gesamte philosophische oder metaphysische Spekulation hinfällig – nicht weil sie argumentativ falsch war, son-dern weil der neue Blick ihre Relevanz untergräbt, die entsprechenden Fragen erdet und in Regelkreisen auflöst. In dieser Nivellierung von Physik und Metaphysik und in der Tilgung des Subjekts als selbstverständlichem Ort des Denkens steht auf längere Sicht auch das Projekt an, Rechenmaschine und Mensch, Automat und Körper, „*episteme* und *techne*" zu verschmelzen,[28] da alle vormals angenommenen substantiellen Unterschiede in Informationskreisläufen aufgehen. Entwürfe „neu-ronaler Netze jenseits der Unterscheidung von Menschen, Maschinen und Zeichen, Wieners gemeinsamer Raum der ‚Regelung und Nachrichtenübertragung im Lebe-wesen und in der Maschine'" oder ein „statistisch generiertes Sprechen der Sprache selbst sind nur die prominentesten Beispiele [...] von Szenarien, in denen man nicht mehr gezwungen ist, ‚den Menschen' zu denken".[29] Huxleys *Die Pforten der Wahrnehmung* hat zwar keinen explizit technischen Bezug, weist aber in dem Mo-ment in dieselbe Richtung, wenn er jede Transzendenz kassiert und die komplexen Erfahrungsweiten dem Bereich „objektiver Tatsachen" unterstellt.

Die Kybernetik ist also Mitte der 1950er Jahre im Mainstream angekommen, ohne Zweifel vereinfacht und verschliffen, aber umso wirkmächtiger. Einerseits formt sie sich zu einer komplexen Wissenschaft (was wenig später deutlich macht, wie unterschiedlich und teils gegenläufig die einzelnen Perspektiven tatsächlich sind), andererseits liefert sie Erklärungsmodelle und Beschreibungen, die hervor-ragend dazu taugen, Gesellschaft, Mensch und Welt vermeintlich zu verstehen und

---

[27] Rieger (2003, S. 8). Prominent für diese Vorstellung vom Anfang der Kybernetik als Ende oder „Gipfelpunkt" der Philosophie ist Martin Heidegger: Er „sprach, wie er das in jenen Tagen auch bei vielen anderen Gelegenheiten tat, in der Hauptsache über die Kybernetik, die ihm nicht allein als *das* ‚Kennzeichen des Endes der Philosophie' am geschichtlichen Horizont erschien, sondern präzise als Gipfelpunkt der langen Dauer der philosophischen Auslegung des Denkens schlechthin" (Hörl, 2008, S. 163).
[28] Hörl und Hagner (2008, S. 20). Diesen Punkt argumentiert auch Derrida (1990, S. 21ff.).
[29] Pias (2003, S. 16).

die teils verborgenen Zusammenhänge sichtbar zu machen. Mit dem Topos Information hat die Kybernetik zudem eine unstoffliche Entität im Zentrum der Debatte platziert, die – darin gottgleich – in allem steckt und alles zusammenhält. Mit ihr lassen sich Welt und Denken, Gesellschaft und Subjekt umfänglich decodieren. Sie ist gewissermaßen ein „leerer Signifikant", der sich fast beliebig modellieren und argumentativ ausbeuten lässt. Solange man kybernetisch denkt, erklärt sich alles.

Die Umfänglichkeit kybernetischer Modellierung beginnt beim Flugabwehrgeschütz, verläuft über das Heizungsthermostat, das Gehirn und damit das Denken, über Gefühle, zwischenmenschliche Interaktionen bis zur Gesellschaft. Selbst die Qual der Einzelhaft erklärt sich so: „Ein kybernetisches System, in dem die Informationsleitungen unterbrochen werden, erstarrt oder treibt ins Chaos. Es ist kein Zufall, daß Einzelhaft, also das brutale Abschneiden zahlreicher Informationslinien eines Individuums, zu den härtesten Strafen zählt",[30] erklären einige Jahre später Rolf Lohberg und Theo Lutz in ihrer humorvoll verpackten Einführung in kybernetisches Denken. Hans Reinhard Rapp stellt sogar die Theologie auf völlig neue Füße. „Die alte Frage nach dem Verhältnis von Materie und Geist, Sein und Bewußtsein wird heute neu gestellt", erklärt er. Dabei geraten „Normen und Bewertungsfunktionen" in den Blick eines neuen Denkens, und „die Aspekte für die Zukunft, [...] die Frage[n] nach dem Sinn des Fortschritts, [nach] Schuld und freiem Willen" können frisch verhandelt werden.[31]

In der Konsequenz ist es nicht mehr nötig, den Menschen zu denken oder denken zu lassen. Sein Verhalten lässt sich viel präziser und „wahrer" regelungstechnisch abbilden und mit Rechenmaschinen synchronisieren. „Nun hören wir die logisch Geschulten unter unseren Lesern schon ein wenig bänglich fragen: Ja – lassen sich denn womöglich alle menschlichen Tätigkeiten, die sich so klar und simpel beschreiben lassen, von Maschinen bewerkstelligen?", paraphrasieren Lohberg und Lutz in ihrer populärwissenschaftlichen Einführung die Skeptiker des Projekts, um ihnen unmissverständlich mitzuteilen: „Die Antwort, lieber Leser, ist schlicht: ja."[32] Am Ende steht eine „Maschine namens Mensch".[33]

In der zweiten Hälfte der 1950er Jahre ist die Kybernetik hip und hat – formal jedenfalls – den Unterschied zwischen technischem Informationskreislauf und Mensch aufgehoben. LSD wiederum zieht weite Kreise und wird, um vorzugreifen, kybernetisches Denken in die Erlebniswelt transportieren. Bleibt noch die Frage, wie sich die Aufbruchstimmung der Beats entwickelt, die mit dem Kult, den sie

---

[30] Lohberg und Lutz (1970, S. 63).
[31] Rapp (1982, Klappentext).
[32] Lohberg und Lutz (1970, S. 137).
[33] Ebd., S. 131.

entfachen, einen wesentlichen Anteil an der dynamisch-revolutionären Konstellation in den 1960er Jahren haben werden.

## Episode III: Beatkult

Die literarischen und philosophischen Visionen der Beats scheinen auf den ersten Blick recht wenig mit der kybernetischen Dynamik Mitte der 1950er Jahre zu verbinden. Burroughs hat mit technischen Phantasien nichts am Hut und wendet sich recht offen gegen sie. Wenn er solche Themen aufruft, dann mit bissiger Distanz und scharfer Ablehnung. Und die Mauern der Psychiatrie sind den Beats ebenfalls ein Horror. Schließlich wehren sie sich vehement gegen die Konditionierung des Individuums, seine Gleichschaltung etwa mit Blick auf Sexualität und attackieren jede Norm. Dennoch ist die Beatkultur eine bedeutsame Spur, um zu verstehen, was die psychedelische Revolution initiiert, forciert oder bedingt hat und was ihre Phantasien einer anderen Welt sind. Sie wirkt dabei als Nährboden, auf dem später eine ganz andere Pflanze wachsen wird.

Dafür gibt es im Groben zwei Gründe: *Einerseits* treffen sich Beat und Kybernetik etwas verstohlen an bestimmten inhaltlichen Punkten. Beide Perspektiven teilen etwa die Ablehnung des alten Subjekts, das von seinem sozialen Kontext, von Erziehung und gesellschaftlichen Ansprüchen geformt und in eine Zwangsjacke des bürgerlichen Lebens gesteckt wurde. Jeweils drängt sich das Gefühl auf, die überkommenen Strukturen grundlegend überwinden zu müssen und zu einem anderen Sehen, einer anderen Empfindsamkeit und schließlich zu einem anderen Bild des Menschen durchzubrechen. Wenn etwa das literarische Schreiben zur Debatte steht, geht es nicht um ein denkendes Individuum, das seinem subjektiven Impuls folgt und eine Gefühlswelt in Sprache überführt. Die Maxime ist vielmehr, das innere „Aufzeichnungsgerät" zu aktivieren und jeden „vernünftigen Gedanken" zu tilgen. Es geht um eine Interaktion oder einen Informationsfluss zwischen Droge, (Schreib-)Maschine und Körper. Letztlich diktiert die Maschine die Worte, wenn die Droge ihr Werk verrichtet und das vernünftige Denken abgeschaltet hat; es entsteht ein Informationsfluss, der vollständig ohne Subjekt auskommt. Gerade die Kybernetik versuchte, „das Denken als [...] subjektlosen Prozeß" zu verstehen.[34] *Andererseits* ist Beat so etwas wie der jugendkulturelle Wirt, aus dem sich die spätere Hippiebewegung speist. Nicht zufällig nimmt Ginsberg, immerhin einer der ersten Beats, einen zentralen Platz im psychedelischen Setting ein – an der Seite des Psychiaters Leary. Und Cassady, ein enger Weggefährte der Dreiergrup-

---

[34] Hörl (2008, S. 172).

pe, sitzt Mitte der 1960er Jahre am Steuer des berühmten Busses namens *further* der psychedelisch erleuchteten Merry Pranksters.

Noch Mitte der 1950er Jahre sind die Beats jedoch eine kleine, heterogene Runde Intellektueller und Literaten, die um einen neuen Stil und ein neues Lebenskonzept ringen. Kerouac etwa gelingt es bis 1957 nicht, seine bereits Anfang des Jahrzehnts geschriebene Novelle *On the Road*, die später für Aufsehen sorgen wird, bei einem Verlag unterzubringen. Und Ginsberg kämpft noch damit, einen lyrischen Ausdruck zu entwickeln, der seinen literarischen Ansprüchen genügt und dennoch nicht konditioniert, nicht klassisch-vernünftig ist. Zwar hatte das *Time Magazine* die schrägen Vögel und die an ihnen haftende Lebensweise ein wenig popularisiert. Als Durchbruch lässt sich das allerdings noch nicht verkaufen.

Dieser setzt, für die Akteure unverhofft und überraschend, gleichsam über Nacht ein. Im August 1956 verlegt der Schriftsteller und Verleger Lawrence Ferlinghetti Ginsbergs *Howl and Other Poems* in der kleinen Reihe *City Lights Pocket Poets*. Während der Autor selbst zusammen mit Kerouac im algerischen Tanger weilt, um seinem schwer drogenabhängigen Freund Burroughs bei der Fertigstellung von *Naked Lunch* zu unterstützen, reitet bei Ferlinghetti im Mai 1957 die Polizei ein und konfisziert alle dort verfügbaren Exemplare des kleinen Bandes. Zwei Polizisten in Zivil kaufen das Buch, das der Leiter der Jugendbehörde in San Francisco für obszön und jugendgefährdend befindet. Dies führt dazu, dass die Polizei den Verleger gleich mit verhaftet. Er wird umgehend wegen „Verbreitung obszöner Schriften" angeklagt.[35]

*Howl* ist – im Kontext der Zeit versteht sich – tatsächlich provokativ und ungewöhnlich. Vor allem die Zeile über Leute, „die sich in den Arsch ficken ließen von heiligen Motorradfahrern und vor Freude schrien",[36] erschien den Behörden über die Maßen amoralisch. Insgesamt ist das Gedicht eine schonungslos verdichtete Abrechnung mit dem puritanischen Zeitgeist, die, geprägt von einem hämmernden Sprachrhythmus, aufreizen soll. Doch wer weiß, was aus *Howl* ohne die unfreiwillige Hilfe der Behörden geworden wäre?

Der Prozess um das Gedicht wirkt umgehend wie ein Katalysator für die Beatbewegung, weil er Auslöser und Objekt eines eigentlich viel größeren Kulturkampfes ist. Für die Hardliner der Zensur sind Ginsbergs Zeilen ein willkommener Anlass, ihre unerbittliche Absicht auszustellen, vermeintlich anstößige Schriften zu verbieten und zu verbannen. Für die *American Civil Liberties Union*, einer überparteilichen und nicht profitorientierten Vereinigung zum Schutz der Frei-

---

[35] Watson (1997, S. 257).
[36] Im Original: „... who let themselves be fucked in the ass by saintly motorcyclists, and screamed with joy".

heitsrechte, ist der Prozess ein Präzedenzfall für die „im ersten Verfassungszusatz garantierte Redefreiheit".[37] Bis schließlich nach Anhörung zahlreicher Experten der Verleger Ferlinghetti (und der Geschäftsführer der Buchhandlung, Shigeyoshi Murao) im Herbst freigesprochen werden, hat die amerikanische Öffentlichkeit intensiv von Ginsberg, seinem Gedicht und der Beatgeneration Notiz genommen. Schlagartig ist Beat in aller Munde.

Eine weitere Etappe auf dem Weg zum Beatkult schließt sich unmittelbar an. Ebenfalls im Herbst 1957 erscheint endlich Kerouacs *On the Road*. Wäre das Buch „kurz nach Fertigstellung des Manuskripts erschienen, der Roman wäre womöglich untergegangen. Aber sechs Jahre später hatte Amerika sich auf das kommerzielle Potential seiner Jugend eingestellt", schreibt Steven Watson in seiner hervorragenden Aufarbeitung der Beatzeit. „‚Howl' hatte den Weg geebnet, aber das Erscheinen von *On the Road* markierte den Beginn eines popkulturellen Blitzkriegs."[38] Das Kulturphänomen Beat wird von nun an auf allen Kanälen diskutiert. Was für die einen eine Rebellion ohne Ziel und Stil ist, gilt den anderen als Anfang einer neuen Zeit. Der renommierte Literaturkritiker Norman Podhoretz bestätigt unabsichtlich den Umfang der Provokation, den die Beats mit ihrer schrägen, aus dem Kanon fallenden Art evozieren. In einem Artikel aus dem Jahr 1958 ätzt er gegen „The Know-Nothing Bohemians" – „die dummen Bohemiens" – und lässt nichts, gar nichts gelten. (Eine Kostprobe: „Ich denke, es ist schließlich legitim zu sagen, dass die Anbetung des Primitiven und Spontanen durch die Beat-Generation mehr ist als ein Deckmantel für ihre Feindseligkeit gegenüber Klugheit und Einsicht. Sie erwächst auch aus einem erbärmlichen Mangel an Gefühl."[39]) Dabei schillert der Text gewaltig und zeigt indirekt, wie sehr das literarische und intellektuelle Establishment vom neuen Kult aus der Bahn geworfen und in Unruhe versetzt wurde. Podhoretz bellt wie der berühmte getroffene Hund und feuert aus allen Rohren. Er reagiert damit auch darauf, dass die Beatgeneration sich „nicht mehr um Lyrik" dreht. Sie „dreht sich um alles".[40]

Beat wird zum Politikum und zum Modephänomen. Es entwickelt sich ein ganzer Modestil (Ziegenbart, Brille, Jeans, Second-Hand-Sachen), der – ähnlich wie die zeitgenössischen Hipster – die Paradoxie in sich birgt, mit dem Aussehen gezielt und gewissermaßen designed den Ausstieg zu symbolisieren. Marihuana ist ebenfalls dem Klischee nach ständiger Begleiter. Das heilige Nichts der ersten Beats bestand jedoch gerade darin, eine modische Codierung abzulehnen und

---

[37] Watson (1997, S. 257).
[38] Ebd., S. 260.
[39] Podhoretz (1958, S. 491).
[40] Gregory Corso, zitiert in Watson (1997, S. 268).

sich tatsächlich aus einem Mangel heraus anders, unpassend zu kleiden. Formen modischer Wiedererkennung sind nichts anderes als Konditionierung, als gesellschaftskonforme Etikette, die wenig aussagt oder gar kritisiert. In dem Moment also, als sich Beat zum Kult auswächst, wird es zur Oberfläche, zur Simulation eines Lebensstil, der an sich schon einer Idee von Mode entgegensteht. Die Kulturindustrie übernimmt.

Bei aller Kritik am Modephänomen Beat bedarf es dennoch einer weiteren Einordnung. Der neue, für den Spießer schwer verständliche Hipstertrend mit seinem oft kolportieren Adjektiv „hip" entstammt nicht nur der literarischen Avantgarde um die alten Beats. Der „schwarze Jazz" des Bebop, der als Kategorie – ähnlich wie Beat und Beatnik – eine nachträgliche mediale Erfindung ist, um vielfältigen musikalischen Entwicklungen in den Klubs einen Namen zu geben, hat am neuen Kult ebenfalls einen Anteil. Um den Nährboden der psychedelischen Revolution abzubilden, ist diese Linie allerdings weniger bedeutsam. Dennoch verfeinert sie das Bild „hipper" Milieus und des Beatkults. Obwohl das Marketing vom Hipster Besitz ergreift und die Radikalität vorrangig an die gut verkäufliche Oberfläche verschiebt, ruft die Mischung aus mehrheitlich schwarzer Musik und weißer Literatur dennoch eine progressive (Klub-)Kultur ins Leben.

In den 1950er Jahren sitzt die rassistisch motivierte Ausgrenzung der Schwarzen fest im Sattel und wird nun von einer hippen Jugendkultur untergraben. Die politischen Kämpfe dauern noch lange an und sind bis heute keineswegs ausgefochten. Allerdings kommt mit den Hipstern etwas ins Rollen, dass, vermittelt über Kunst und Kultur, den Unterschied tilgt und einem Lebensstil Raum gibt, dem die politischen Debatten hinterherhinken. Jazz ist Jazz und Literatur ist Literatur, egal ob schwarz oder weiß. Norman Mailer, ebenfalls ein Weggefährte der Beats, verdichtet es in einem viel diskutierten Text von 1957, der den provokativen Titel „The White Negro" trägt: „Es ist also kein Zufall, dass die Quelle der Hipness der Neger ist, denn er lebt seit zwei Jahrhunderten auf der Schwelle zwischen Totalitarismus und Demokratie."[41]

Wie sich die Hipsterbewegung schließlich einordnen lässt, hängt stark davon ab, was als Maßstab fungieren soll. Verglichen mit der intuitiven Radikalität der Beats spielen Teile des Kults nur noch im Mainstream mit, als marktkonforme Kopien. Andererseits küsst der Hipsterkult eine Massenkultur wach, die jenseits politischer Kämpfe die Ausgrenzung der Schwarzen unterläuft. Ganz allgemein ist es wenig verwunderlich, dass eine Lebensweise verwässert, wenn sie medial überformt wird. Die Frage, was das Ganze politisch bedeuten und wo es hinführen soll, hatten sich die Beats nie wirklich gestellt. Sie folgten vielmehr einem intui-

---

[41] Mailer (2007/1957).

tiven „Unbehagen in der Kultur" (Freud). Mit der viralen Verbreitung des Kults, mit seinem Durchbruch, drängen sich diese Fragen unweigerlich in den Vordergrund, ohne dass sich Antworten abzeichnen. „Hipster" verharrt eine Weile, so scheint es, zwischen Aufbruch und psychedelischem Umbruch. Vielleicht jedoch erscheint dies auch nur so, weil die Wucht der späteren Debatten und Ereignisse, die Wucht der 1960er Jahre, vieles davor in den Schatten stellt oder zur Marginalie degradiert. Erst die LSD-Bewegung, die stark vom Beatkult profitiert, wird ein Wissen produzieren, dass das „Trümmerfeld der Möglichkeiten" hinter sich weiß und Antworten parat zu haben glaubt.

Der ungewöhnliche Hype um Beat hält noch bis in die frühen 1960er Jahre an. Es entstehen Filme, Beatfiguren in TV-Serien und massenweise Artikel, die sich polemisch, kritisch, ätzend, verständnisvoll, therapeutisch oder anerkennend und optimistisch mit den Beats auseinandersetzen. Die Akteure selbst, die „alten" Beats, gehen damit unterschiedlich um (Burroughs zieht sich zurück oder reist umher, Kerouac betäubt sich vor allem mit Alkohol, und Ginsberg reist erst und versucht dann, die Bewegung politisch zu wenden). Deutlich wird jedoch, dass in dem Moment, wo Beat zum Kult wird, der Aufbruchsgeist erodiert und die Kulturindustrie die kritischen Potentiale aufsaugt und ausbeutet.

Und dennoch spielt der Beatkult eine wichtige Rolle. Mit ihm verbreiten sich auch Ideen und Visionen von einem anderen Leben jenseits des bürgerlichen Subjekts und des Spießerdaseins. Die Ordnung gerät durcheinander, und die Empfänglichkeit einer tatsächlich breiten Öffentlichkeit für andere Wege steigt zusehends. Nicht zufällig wetzt das intellektuelle Establishment (etwa Podhoretz) die Messer, statt die „unwissenden" Beats mit Ignoranz zu strafen. Der Kult öffnet Kanäle und weckt Sensibilitäten. Rassistische Ausgrenzung, Homophobie und insgesamt das „stählerne Gehäuse" (Max Weber) des Spießerlebens stehen stärker denn je im Lichtkegel der Kritik. Auch wenn Beat und hip vielleicht vorrangig als massentaugliches Etikett oder als simulative Oberfläche Raum greifen, geben sie einer kritischen Haltung Nahrung, an welche die psychedelische Revolution bestens andocken kann. Die Stilikonen des Beat lasen schließlich Wiener, Huxley, Sartre und waren mit Drogen etwa so gut vertraut wie der Spießer mit Haushaltsgeräten.

# Umbruch: Die psychedelisch-kybernetische Erleuchtung 4

Bis Ende der 1950er bzw. Anfang der 1960er Jahre hat sich also die anfänglich diffuse Aufbruchstimmung zu einer jedenfalls oberflächlich geschlossenen Erzählung ausgewachsen. Als Mittel zur psychelischen Erweckung war LSD zu einiger Bekanntheit gelangt, die kybernetischen Modelle haben die Räume der Macy-Konferenzen in Richtung Popkultur und Alltagswissen verlassen. Und die Beatgeneration mit ihrem vielgestaltigen Drang an andere Orte, zu einem anderen Leben, war aus der Nische einer literarischen Avantgarde zum Medienereignis mutiert und in aller Munde. Die Rahmenbedingungen für den Anfang einer neuen Zeit sind also gegeben.

Dabei ist die Gegenüberstellung einer politisierten und kritischen Gegenkultur mit ihrem Widerpart, der „normalen" Mehrheitsgesellschaft, nicht mehr so klar. Schließlich lässt sich schon erahnen, dass auch die Anpassung des Menschen an den Kontext der Zeit, an die elektrisierte und atomisierte Gesellschaft, also an den Status quo, Gegenstand der Verhandlung ist. Zwar bleibt das kritische Bild einer Kontrollmaschine im Kontext der Counterculture durchaus erhalten. Allerdings schleicht sich langsam aber mit Nachdruck eine Erzählung vom Rausch ein, die auch auf Adaption zusteuert und eine andere, vielleicht bessere *Maschine* am Horizont erkennt. Die Suche nach einem anderen Leben und einer anderen Kreativität, ohne Kenntnis, ohne Ahnung des Ziels, das zügellose Leben unterwegs jedenfalls wird überlagert von Hoffnungen, endlich eine, wenn nicht *die* Lösung aller Probleme gefunden zu haben und einen fulminanten Umbruch loszutreten.

Zu Beginn der 1960er Jahre zeigt sich die Radikalität und Größe der Erfahrung dabei als Überlagerung der drei bisher getrennt diskutierten Episoden. Die Droge LSD als Sakrament, kulturhistorisch unbelastet und einzigartig in ihrem Wirkungsgrad (fast nichts ändert alles), transportiert vormals psychiatrische Ideen, die sich mit dem kybernetischen Denken reiner Immanenz verbinden und die neue unstoffliche, universelle, alles durchdringende und strukturierende Entität In-

© Springer Fachmedien Wiesbaden 2015
R. Feustel, „*Ein Anzug aus Strom*", DOI 10.1007/978-3-658-09575-8_4

formation platzieren. Die Beatgeneration liefert den kulturellen Rahmen, in dem sich die neue Erfahrung ausbreiten kann.

Eine Szene steht symbolisch für den Übergang zu einem revolutionären Moment, zum Drang, die neuen psychedelischen Einsichten in politische Bahnen zu lenken. Dabei treffen einige Hauptfiguren der drei bisher getrennten Episoden direkt aufeinander. Leary wird Ende der 1950er Jahre nicht müde, die von Huxley bereits in Worte gefasste Erleuchtung in Form von Drogen unter die Leute zu bringen. Er will mit aller Macht Multiplikatoren, das heißt erleuchtete Intellektuelle und Literaten, die seine Einsichten streuen und damit den Wandel in Gang setzen. In einem Brief stellt er klar: „Ich habe Tabletten (ohne persönliche Aufsicht) an folgende Personen weitergegeben: Huxley, Watts, Burroughs, Litwin, Barron, Ginsberg, Newman (ein Dichter) Blum (ein Autor) und Solomon (Herausgeber des Magazins ‚Metronome‘).“[1] Kurze Zeit später, im November 1960, hat Leary Ginsberg in Harvard zu Gast, der unter dem Einfluss psychedelischer Drogen und „Wagners *Götterdämmerung*“[2] offenbar jene unmissverständliche Erleuchtung erlebt, von der auch Huxley gesprochen hatte. Ginsberg kam sich vor „wie der Messias, vom Schicksal ausersehen, eine Revolution anzuführen“. Schließlich wanderte er nackt „die Treppe hinab, entschlossen, der Welt die Wichtigkeit seiner Erfahrung kundzutun, indem er Nikita Chruschtschow, William Carlos Williams und Norman Mailer anrief“. Die psychedelische Erfahrung hatte Ginsbergs Subjektivität vollends ausgeschaltet. „Nachdem er sich dem Fräulein vom [Telefon-]Amt gegenüber als Gott ausgegeben hatte (er buchstabierte es ihr sogar: ‚G-O-T-T‘), sah er sich mit Jack Kerouac verbunden, den er sofort nach Boston zu kommen drängte: ‚Ich bin high und nackt, und ich bin der König des Universums. Steig in die nächste Maschine. Es ist Zeit!‘“[3] Offenbar hat die Droge (in diesem Fall Psilocybin, der Wirkstoff in „Magic Mashrooms“, dessen Effekt jenem von LSD ähnlich ist) geholfen, den für die Beatbewegung bis dahin prägenden Mangel hinter sich zu lassen; ein „spiritual home“ scheint auf, eine Erzählung, welche die Überschreitung absichert und ihr einen Sinn verleiht. Ginsberg wird neben Leary einer der „Topanwälte“ der anderen, durch psychedelische Drogen zu erreichenden Welt.

Ende der 1950er und Anfang der 1960er Jahre verbindet sich die Idee einer „zweiten Religiosität“ mit einer euphorischen und nicht zuletzt von der Wissenschaft getragenen Vorstellung ungeahnter Potentiale, die im psychedelischen Rausch und damit im Menschen selbst versteckt sind. „Die Beats vermischten

---

[1] Zitiert in Greenfield (2006, S. 156).
[2] Watson (1997, S. 306).
[3] Ebd.

sich mit Huxleys Vison und mit LSD."[4] Aus dem diffusen Gefühl eines Aufbruchs der geschlagenen Nachkriegsgeneration, die anfänglich noch von einem geformten und eingeengten Subjekt hin zu einem dekonditionierten und kreativen Leben unterwegs war, wird eine spektakuläre Entdeckungsreise, die politische Konsequenzen haben müsse. An diesem Punkt wandelt sich die Hipster- in eine Hippiekultur. „Was wenige Kritiker der Beats realisierten, war, dass das, was sie an ihnen verurteilten, passé war: Die Beats gehörten der Nachkriegszeit, den Truman-Jahren an. Es war ironisch, aber am Höhepunkt ihres Ruhms veränderte sich ,Beat' dorthin, was spätere Generationen ,Hippie' nennen würden."[5]

Als intellektueller Vater der Bewegung symbolisiert Burroughs den Unterschied zwischen Beat und Hippie. Auch er wird 1961 von Leary mit Psilocybin versorgt, reagiert allerdings ganz anders: Er schweigt und wendet sich ab.[6] Burroughs hat vermutlich schon zu viel gesehen und ahnt, welche Brüche und Ambivalenzen ein vom Rausch ins Werk gesetzter politischer Text haben kann. Der Autor des vermutlich einzigen Buchs von Bedeutung, das tatsächlich über weite Strecken *im* Rausch verfasst wurde, hat feine Antennen für die Situation. Er warnt in einem Text von 1964 vor einer politischen Vereinnahmung irgendwelcher Trips: „Auf das Risiko hin, augenblicklich zur unpopulärsten Figur der gesamten Literatur zu werden – und Geschichte ist Literatur – muss ich dazu folgendes bemerken", schreibt er. „Halten Sie sich vom Garten der Lüste fern – [...] Werfen Sie ihnen die Ersatzunsterblichkeit vor die Füße – [...] Sie vergiften und monopolisieren die halluzinogenen Drogen."[7] Wie so häufig ist die Zuordnung einzelner Passagen zur Autorenansicht schwierig. Burroughs' insgesamt skeptische Haltung legt jedoch nahe, dass ihm die Politisierung von psychedelischen Erfahrungswelten für ein kollektives Erwachen mindestens suspekt ist. Er ahnt, dass ein politischer Rausch ein Phantasma in die Welt bringen kann, das Freiheit eher attackiert als sie zu ermöglichen. Anders als die zumeist deutlich jüngeren Hippies reitet er nicht auf der psychedelischen Welle, sondern sieht schon, dass diese brechen und zurückrollen wird.

---

[4] Stevens (1988, S. 99).
[5] Ebd., S. 119.
[6] Vgl. Greenfield (2006, S. 157). Vgl. zu Burroughs auch Diederichsen (2005, S. 86f.).
[7] Burroughs (2000/1964, 9f.).

## Wissenschaft und Religion

Die Frage ist jedoch, was genau hinter dem Vorhang, hinter der von LSD und Psilocybin geöffneten Pforte sichtbar wird? Was hat Ginsberg dermaßen erleuchtet, dass er die Göttlichkeit in der eigenen Wahrnehmung lokalisiert? Verbindet man Huxley und Ginsberg, offenbaren sich zwei Themen, die im psychedelischen Rausch zusammenfallen. Huxley bedient sich einer teils wissenschaftlichen Sprache und argumentiert, dass psychedelische Drogen alle *biologischen Informationen* unvermittelt und ungefiltert ins Bewusstsein treten lassen und dass es sich um Erkenntnisse handelt, die im Bereich der „objektiven Tatsachen" zu finden sind. Ginsberg dagegen ist im Rausch restlos überzeugt, die alles entscheidende Einsicht gewonnen zu haben und selbst zu Gott geworden zu sein – oder zumindest die eigene, innere Göttlichkeit erfahren zu haben. Die Metaphorik religiöser Erleuchtung einerseits und die wissenschaftliche Erkenntnis biologischer Tatsachen oder Informationen andererseits markieren den Kreuzungspunkt der bisher diskutierten Episoden. Die Euphorie um psychedelische Drogen als Schlüssel zum Verständnis und zur Heilung schwerwiegender Krankheiten wie Schizophrenie, LSD als Opener zu den tiefsten Spuren des Unbewussten auf der einen Seite und die neue Vision, ein anderes Leben jenseits enger puritanischer Schranken führen zu können, auf der anderen Seite, konvergieren und beflügeln eine berauschte Überschreitung und politische Umbruchsphantasien. Wissenschaft und Religion fallen ineinander und steuern auf den gleichen Punkt erhabener Erkenntnis zu. Entlang des psychedelischen Rauschs wird also eine fulminante und von der Kybernetik erkenntnistheoretisch vorbereitete Verschiebung deutlich, die das Meta vor Physik zur Marginalie degradiert oder sogar ganz ausstreicht und ein völlig neues Bild von Wissenschaft und ihrem Erkenntnisvermögen hervorruft. Zugleich wird die von Spengler stammende und von Ginsberg schon in den 1940er Jahren aufgegriffene „zweite Religiosität" mit einer konkreten Erzählung angereichert.[8] Genau wie im Kontext der Kybernetik wird die „alte Frage nach dem Verhältnis von Materie und Geist, Sein und Bewußtsein [...] neu gestellt".[9]

Die Überschneidungen von Wissen und religiösen Erfahrungen im Rausch, die sich in Huxleys akademisch untersetzten *Pforten der Wahrnehmung* andeuten und vor dem Hintergrund eines kybernetischen Wissens zum Tragen kommen, verdichten sich am Anfang der 1960er Jahre. Zwei prominente Schriften stehen dafür Modell: Einerseits *Kosmologie der Freude* des Religionsphilosophen Alan Watts

---

[8] Vgl. Spengler (1991/1918).
[9] Rapp (1982, Klappentext).

aus dem Jahr 1962,[10] das diesen Punkt aus einer theologischen Perspektive adressiert; andererseits Learys *Politik der Ekstase*,[11] das – 1968 veröffentlicht und später als jugendgefährdend indiziert – Artikel, Interviews und Reden des ehemaligen Harvard-Professors aus den frühen 1960er Jahren versammelt. Jeweils üben die Texte großen Einfluss aus. Zudem hängen Texte und Autoren direkt zusammen, weil Leary gemeinsam mit Richard Alpert, seinem langjährigen Kollegen und Mitstreiter in der psychedelischen Sache, ein Vorwort zur *Kosmologie* beisteuert.[12] Jeweils steht der Kurzschluss von Religion und Wissenschaft im Mittelpunkt. Jeweils lauert eine ganz andere Welt. Jeweils ist LSD der Schlüssel.

Als Harvard-Professor, der nach seiner Begegnung mit LSD, nach seiner „Erleuchtung", 1963 aus dem universitären Betrieb aussteigen muss, nimmt Leary im anschwellenden Drogen- und Rauschdiskurs seiner Zeit eine in mehrerer Hinsicht herausragende Position ein. Er ist für die markanten Sprüche verantwortlich, die umgehend zu Gemeinplätzen der Popkultur werden. Leary verkörpert die Verschränkung objektiver und empirischer Erkenntnis mit transzendenten Erfahrungen wie kaum ein anderer und ist zugleich der Lautsprecher der psychedelischen Bewegung: „Von allen, die sich offen zu ihren Erfahrungen mit psychedelischen Drogen bekannten, war Leary der Lauteste."[13] Genauso wichtig ist er auch als Cheftheoretiker der psychedelischen Revolution und verbreitet „seine Lehre" vom biochemisch erzeugten Heil in Reden und Texten. Er tingelt durch unzählige Talkshows und wird zur Kult- und Reizfigur schlechthin.[14] Als Leary 1996 stirbt, ist dies der *New York Times* immerhin einen mehrseitigen Artikel wert, indem deutlich wird, welche exklusive Rolle er in der psychedelische Revolution der 1960er Jahre spielt: „Timothy Leary, der viele Amerikaner tatsächlich mit der unerbittlich zitierten Phrase ‚turn on, tune in, drop out' in die psychedelische Ära der 1960er Jahre einführte, starb letzten Freitag in seinem Haus in Beverly Hills."[15]

Die berühmte Phrase des Einstimmens, Abhebens und Ausklinkens (turn on, tune in, drop out) entsteht interessanterweise nach einem Hinweis des Medientheoretikers Marshall McLuhan, der Leary empfiehlt, „etwas Schmissiges" zu formulieren, „um die Wunder des LSD anzupreisen."[16] In einem Beitrag, den Leary

---

[10] Watts (1972/1962).

[11] Leary (1982/1968).

[12] Alpert und Leary (1972/1962).

[13] Amendt (2008, S. 18).

[14] Zu Learys Biographie vgl. u. a. Greenfield (2006) und Higgs (2006).

[15] Mansnerus (1. Juni 1996).

[16] Ebd. Auch in anderen Bereichen hält McLuhan als „Medienprofi" Leary dazu an, sich auf PR-Strategien zu konzentrieren (Greenfield, 2006, S. 282).

erstmals 1963 bei einer Tagung christlicher Psychologen zum Besten gibt und der in *Politik der Ekstase* erneut abgedruckt wird, skizziert Leary seinen später so berühmten Parcours. Den ersten Moment, das Anschalten, beschreibt er als das Erwachen aus einem „langen ontologischen Schlaf", in dem psychedelisch Erleuchtete erkennen, „dass das menschliche Gehirn eine Unendlichkeit von Potentialitäten besitzt".[17] Der Rest des Weges geht sich eigentlich von selbst – es gibt, vermutet Leary, kein Zurück hinter *die* Erfahrung. Dabei deutet die Formulierung des „ontologischen Schlafs" eine Umkehrung an. Während Rausch seit dem späten 18. Jahrhundert in unmittelbarer Nachbarschaft zu Traum und damit auch im Kontext von Schlaf diskutiert und verstanden wurde, erscheint nun das (vernünftige) Wachbewusstsein als Dämmerzustand, dem freilich ein Mangel an Klarheit und Erkenntnis inhärent ist. Rausch wird hier zum ultimativen Erweckungsmoment.

Im weiteren Verlauf des Beitrags will Leary den Eindruck vermitteln, die Wissenschaft habe sich nun erstens geeinigt und zweitens Wege gefunden, zumindest im Ansatz die Dinge, wie sie wirklich sind, darstellen und erklären zu können. Selbstredend ist die psychedelische Erfahrung auf Augenhöhe mit dem cutting edge der Forschung. Sie liefert für jede wissenschaftliche Antwort eine Entsprechung.[18] Die LSD-Erzählung wird also der akademischen Ahnung vielfältiger bis unendlicher Möglichkeiten parallelgeschaltet – mit dem scheinbar unschlagbaren Vorteil, dass es nur einer winzigen Menge des Stoffs bedarf, um alles klar zu erkennen und zu durchdringen.

Eine Frage etwa konzentriert sich auf die „absolute Macht",[19] welche die Wissenschaft, erklärt Leary, nach vielen Umwegen endlich im Atomkern und dem ihn umgebenden mächtigen elektronischen Feld lokalisiert hat. Dieses Feld hält „die Elektronen um ihn [den Atomkern] und kontrolliert" es. Genau diese letzte Einsicht in den tatsächlichen Ort der absoluten Macht gewähre auch ein LSD-Trip, wie Leary an Aussagen von Versuchspersonen deutlich machen will. „Der vorherrschende Eindruck war, ins innerste Mark der Existenz einzudringen. [...] Es war, als ob jedes der Billionen Atome der Erfahrung, die unter normalen Umständen in grobe, unterschiedslose, wahllose Eindrücke zusammengefasst und verdurchschnittlicht werden, jetzt für sich allein gesehen und gekostet würde."[20] Was das eine mit dem anderen zu tun hat – also der wissenschaftliche Ort der Macht als Atomkern und die psychedelische Erfahrung des „innersten Marks der Existenz" –,

---

[17] Leary (1982/1968, S. 14).
[18] Ebd., S. 19ff.
[19] Ebd., S. 22.
[20] Leary (1982/1968, S. 24).

will sich nicht so recht erhellen. Dennoch stellt Leary beide Passage nebeneinander und versucht so zu vermitteln, dass die eine die andere beweisen würde.

Die zweite Frage ist ähnlich umfassend und thematisiert nichts Geringeres als das Leben an sich. Mit einer wissenschaftlichen Erklärung für das Leben ist Leary schnell bei der Hand: „Die Einheit des Lebens ist die Zelle. Und der genetische Code ist der Plan.“[21] In der Behauptung, eine biologische Beschreibung sei *die* Erklärung für das Leben selbst, kommt der Kurzschluss von Religion und Wissenschaft, das Übergreifen des Empirischen in metaphysische Fragen, zum Ausdruck. Gott sitzt im Labor und erkennt seinen eigenen Plan, der auf der DNS abgelegt oder niedergeschrieben ist. Man müsse sich allerdings nicht die Mühe machen und wissenschaftlich forschen. Ein Trip auf LSD oder Psilocybin reicht, um all jene hart erarbeiteten Kenntnisse von innen, als Erfahrung nachzuvollziehen und über sie hinauszugehen: „Du bist der DNS-Code, der multizellulare ästhetische Lösungen auswirft. Du empfindest direkt und spontan wirbelloses Vergnügen“, ruft Leary seinen Lesern entgegen und erklärt: „[D]ie meisten LSD-Versuchspersonen behaupten, sie erleben in ihrer Sitzung frühe Formen der Evolution ihrer oder submenschlicher Spezies.“[22]

Nun ist es noch nicht ausgemacht, dass der LSD-Rausch sich nicht nur innerhalb einer symbolischen Ordnung bewegt und die Probanden nur das intensiv nachzeichnen, was im Kontext der Zeit denkbar ist. Schließlich müssen die Versuchspersonen die Begriffe Evolution, DNS oder Gen nicht nur kennen, sondern darüber hinaus ihre Bedeutung im Kontext verstehen. Leary kennt diesen Einwand und kanzelt ihn mit einer rhetorischen Frage ab: „Ist es gänzlich unvorstellbar, daß unsere kortikalen Zellen oder die Maschinerie innerhalb des Zellkerns sich [an] die ungebrochene Kette elektrischer Umwandlungen ‚zurückerinnern‘ [. . .]?“[23]

Es wäre müßig, alle weiteren Themen oder Fragen, die Leary anspricht (jene nach dem Menschen, dem Bewusstsein, dem Ego, die emotionale Frage und die nach dem letzten Ausweg), einzeln zu bearbeiten; das Muster ist immer gleich. Zunächst offenbart Leary, was die Wissenschaft mittlerweile ahnt, um direkt im Anschluss klarzustellen, dass ein LSD-Rausch die Arbeit der emsigen Forscher in den Schatten stellt – wie der Igel im Märchen: „Ick bün all hier!“

---

[21] Ebd., S. 25.
[22] Ebd., S. 27f.
[23] Ebd., S. 28. Lilly (1986/1972, S. 21f.) beschreibt es ähnlich: „Als ich soweit war, beschloß ich, diese Kraft [des LSD-Rauschs] einzusetzen und meines Vaters Gesicht und mein eigens zu projizieren, und dann das Gesicht seines Vaters. Ich ging noch weiter in die Vergangenheit zurück [. . .]. Ich trieb zurück durch schätzungsweise zweitausend Generationen und plötzlich erschien das Gesicht eines haarigen Anthropoiden auf meinem Gesicht.“

Wann immer Leary über Gott oder die Transzendenz spricht, ist die Wissenschaft nicht weit. Beide sind auf dem gleichen Weg der Erkenntnis: „Religion und
Wissenschaft geben ähnliche Antworten auf die gleichen Fragen."[24] Es bleibt spekulativ, in welche Richtung der traditionelle Unterschied zwischen Wissen und
Glauben aufgelöst wird; deutlich wird jedenfalls, dass die Wissenschaft alle Mittel
in der Hand hält, das alte Problem der Letztbegründung zu lösen und endlich über
den Weg objektiver Einsichten einen verlässlichen Horizont objektiver und damit
zugleich metaphysischer Welterklärung zu liefern. Sie müsse nur – genau wie die
Religion – aufpassen, sich nicht von weltlichen, profanen Dingen vereinnahmen
zu lassen, von Zwängen, die „Laboratorium und Kirche" dazu verleiten könnten,
nur „Zerstreuung, illusionären Schutz und narkotischen Trost zu bieten."[25] Wenn
Leary von Transzendenz spricht, verschiebt oder verdreht er die Begriffe bis zu
ihrer Unkenntlichkeit. Für ihn – und mit ihm offenbar für eine ganze Generation
vom LSD erleuchteter Seelen – ist die Wissenschaft in der Lage, auch die letzten
Fragen der Menschheit zu beantworten und somit das Reich der Transzendenz im
Sturm zu erobern. Es scheint, als habe der „gefährlichste Mann Amerikas" den
universellen Anspruch der Kybernetik übernommen.

Leary zeichnet also ein horizontales Bild. Die maximale Ausdehnung immanenten, weltlichen (kybernetischen) Wissens führt automatisch dazu, auch die Bereiche der Transzendenz, des Göttlichen zu erobern. Physik und Metaphysik fallen
ineinander. Üblicherweise zeichnet sich die Differenz der beiden Sphären, dem
alten Bild vom Weltlichen und Himmlischen folgend, eher durch eine vertikale
Struktur aus – die Menschen leben *unten* auf Erden und Gott *oben* im Himmel. Die
Wissenschaft war sich zuvor jedenfalls durchaus bewusst, die komplizierte Frage
nach dem letzten Grund nicht ohne Weiteres beantworten zu können. In Learys
Konstellation wird die Philosophie jedoch, die bis dato für solche Fragen zustän-
dig war, unbrauchbar. Er erwähnt sie folgerichtig mit keinem Wort. Mehr noch:
Wissenschaft und Göttlichkeit werden eins und finden ihren Nexus im LSD – ge-
nau so hatte Huxley seinen Ritt auf den Flügeln halluzinogener Drogen ausgemalt:
Immer weiter fort, auf psychedelischer Flughöhe, aber immer horizontal, immer
im Rahmen „objektiver Tatsachen".

Die Wissenschaft führt folglich zum religiösen Heil. Und eine winzige Menge
LSD transportiert die Botschaft in die Welt jenseits kleiner Zirkel hochgebildeter
Akademiker: „Die umfassende Manifestation des heiligen Vorgangs, den wir DNS
nennen", fasst Leary als theoretischer Kopf der LSD-Bewegung zusammen, „hat
sich die zwei Milliarden Jahre Zeit genommen, um aus diesem Planeten einen Gar-

---

[24] Leary (1982/1968, S. 22).
[25] Ebd., S. 21.

ten Eden zu machen. [...] Eine exquisite Packung der Anpassung – entwickelt auf Grund von zwei Milliarden Jahren Konsumentenforschung (RNS) und Produktdesign (DNS)."[26] Dem „Plan" der DNS zu folgen, ist der eigentliche „Sinn des Lebens",[27] eine Religion der Gene: „Die Gesetze Gottes, die in den sich enthüllenden Grundsätzen der Biologie und Physik ausgedrückt sind, gelten als einzige und höchste Macht dieses Planeten."[28] Diese Herrschaft des Wissens entspricht also einem kybernetischen Bild potentieller Möglichkeiten. Selbst die Theologie gerät ob ihres Untersuchungsgegenstands ins Schwanken: „Man sagt – im Modell betrachtet – das Wissen dürfe nur bis zur Grenze $x = n$ gehen, und was darüber hinausgehe, sei Gottes Sache", skizziert der Theologe Reinhard Rapp das veraltete Denken einige Jahre später und hält ganz in Learys Sinn dagegen: „Aber dieser Versuch, der Dimension des Wissens vom Glauben her Grenzen zu stecken, ist vergebens. Man kann weder durch gütlichen Handel noch durch inquisitorische Gewalt die Dimension des Wissens aufteilen und von einem bestimmten Fixpunkt an sagen: Hier beginnt das höhere Wissen. Innerhalb seiner Dimension wird das Wissen bald sein Recht als Alleinherrscher anmelden." Auch die ultimative Grenze – das Leben selbst – existiert nicht mehr, weil das vormals unfassbare, unerklärliche Geheimnis mittlerweile enträtselt und in „der lebenden Zelle" lokalisiert wurde.[29]

Die Verzahnung von (biologischer) Wissenschaft mit Religion auf Droge ruft auch Watts in seinem Text auf. Mit seiner Autorität als Religionsphilosoph und Priester der Episkopalkirche in den USA tilgt er den Unterschied zwischen einem klassischen „Sakrament" und psychedelischen Drogen: „Die katholische Theologie erkennt auch die sogenannten ‚außerordentlichen' göttlichen Gnaden an",[30] zu denen LSD ohne Zweifel gehört. Der Stoff ist ein Sakrament, gerade weil er den Schlüssel zur universellen und damit gleichzeitig religiösen Erkenntnis bereithält.[31] Die alten Leitunterscheidungen sind damit hinfällig. „Lange Zeit waren wir an die Trennung von Wissenschaft und Religion gewöhnt, als ob sie zwei ganz

---

[26] Ebd., S. 216.

[27] Ebd.

[28] Ebd., S. 349.

[29] Rapp (1982, S. 221f.).

[30] Watts (1972/1962, S. 35).

[31] Den Versuch, mystische Erfahrungen unter dem Einfluss von Psilocybin empirisch zu erforschen, unternimmt auch Pahnke (1963). Vgl. dazu ebenso Pahnke (1967); Doblin (1991). Er unterscheidet zwischen mystisch und religiös, wobei die zentralen Elemente der mystischen Erfahrung „internal" und „external unity", „Transcendence of Time and Space" bzw. „Sacredness" darstellen. Die mystische Erfahrung bezieht sich dennoch auf eine objektive Realität, und im Rausch scheint es möglich zu sehen, „what realy is real" (Pahnke, 1963, S. 46f./67). Zugleich erkennt Pahnke an, dass die mystische Erkenntnis paradox ist: „The ‚I' both exists and does not exist" (Pahnke, 1963, S. 71).

verschiedene und grundsätzlich unzusammenhängende Wege der Weltbetrachtung
seien." Nun allerdings, da die „westliche Wissenschaft" auf neuen, von religiösen Elementen getragenen Wegen wandelt, skizziert sie „einen neuen Begriff vom
Menschen, nicht als einzelnes Ego innerhalb eines Haufens von Fleisch, sondern
als ein Organismus der ist, was er ist, durch seine Untrennbarkeit von der übrigen
Welt."[32] Huxleys „All-Einheit" schimmert hier genauso durch wie die zwei Kulturen von C. P. Snow, deren Trennung im LSD-Rausch überwunden zu sein scheint.

Ein völlig neuer Blickwinkel auf die Frage, was der Mensch und seine Umwelt
tatsächlich sind, habe sich entwickelt, heißt es weiter, und komme nun langsam
zum Tragen: „Ob sie organisch oder anorganisch ist, wir lernen Materie als Ener-
giestrukturen zu sehen; nicht von Energie als Stoff, sondern als energetisches Modell, als bewegende Ordnung und aktive Vernunft."[33] Die kybernetische Ordnung
der Dinge trägt ganz offensichtlich das gesamte Argument: Das Problem bestehe
bisher vor allem darin, dass „der Laie [...] die mathematische Sprache" nicht versteht, „in der der Wissenschaftler denkt" und damit das Modell, die unmittelbare
Verbundenheit von Mensch und Kosmos nicht erkennen kann.[34] Der LSD-Rausch
schafft genau da Abhilfe, indem er Einsichten hervorruft, die es auch dem vergleichsweise „Ungebildeten" ermöglichen, auf gleichem Niveau wie ein Mathematiker die Welt zu lesen, zu verstehen und die (mathematische) Verbundenheit
von allem mit allem direkt zu erfahren. Die ganze Schwere des Körperlichen, „des
Haufens von Fleisch" wird in diesem Moment der Erleuchtung ebenso abfallen,
wie die Merkmale gesellschaftlich bedingter Identität. LSD setzt eine „Befreiung"
ins Werk, „denn die Last des Stoffs wird von ihm [jedem, der die LSD-Erfahrung
gemacht hat] fallen und er wird weniger beschwerlich sein".[35] Die Uhr ist dann
kein Maß mehr, es gilt „die Zeit des biologischen Rhythmus', nicht die der Uhr
und allem, was damit zusammenhängt. Es gibt keine Eile."[36]

Ein solch elementares Ereignis tilgt nicht nur die Differenzen zwischen Individuum und Welt, zwischen Subjekt und Kosmos und stellt die Uhren auf den
Bios um. Die lange Zeit so kontrovers diskutierte, aber bis dato unzweifelhaft
angenommene Differenz zwischen (nur) subjektiven Wahrnehmungen bzw. individueller Deutung und objektiver, äußerer Realität löst sich, argumentiert Watts,
in kosmisches Wohlgefallen auf: „Mittlerweile jedoch ist die Illusion genauso real wie die Halluzinationen der Hypnose."[37] Gerade Halluzinationen, die seit dem

---

[32] Watts (1972/1962, S. 15).
[33] Ebd., S. 19.
[34] Ebd.
[35] Ebd.
[36] Ebd., S. 42.
[37] Ebd., S. 21.

frühen 19. Jahrhundert als von der Wirklichkeit (oder Realität) abgekoppelte und damit im strengen Wortsinn unsinnige Eigenleistungen des Gehirns, als wahnhaft und krank verstanden wurden, werden nun als bisher fehlinterpretiertes Flüstern einer anderen, objektiven und immanenten Wahrheit des biologischen Systems, eines gleichsam uferlosen inneren Kosmos aufgefasst.[38] Schließlich argumentiert Watts, dass es nicht reicht, sich auf dem Gebiet bewussten Denkens zu sortieren. „Der verborgene Punkt" sei vielmehr, „daß der Mensch nicht richtig funktionieren kann, indem er so oberflächliche Dinge wie die Ordnung seiner Gedanken, und seines gespaltenen Geistes ändert". Viel wichtiger als das Denken ist das „Verhalten seines Organismus". Dieser muss „sich selbst kontrollieren anstatt sich selbst zu frustrieren".[39] In anderen Worten: Der Mensch muss sich als kybernetische Feedbackschleife konstituieren, die gerade nicht das subjektive Denken, sondern die biologisch implementierten Tatsachen ins System einspeist und selbiges optimiert. Der LSD-Rausch ermöglicht diese biologische Rückkopplung und führt genau damit vermeintlich aus der altbekannten Spaltung von Mensch und Welt. Diese Aufgabe ist, in Watts' Sprache, nichts anderes als die „Transformation des Selbst" und damit zugleich das „Fühlen oder Verwirklichen von Gott".[40] Diese Kombination aus der „Verwirklichung Gottes" und der Erfahrung biologisch evidenter Tatsachen im Rausch ist keine vielleicht intellektuelle Spielerei, es ist vielmehr die Antwort auf alle Fragen, die Lösung aller Probleme und der finale Ausweg aus dem Dilemma des Menschseins: Es ist wohl, schreibt Watts, „das Ende des Ariadnefadens [...], um uns aus der Verwirrung herauszuführen, in der wir alle seit unserer Kindheit verloren sind".[41]

Die Metapher des der griechischen Mythologie entnommenen Ariadnefadens bildet den Maßstab ab, in dem Watts und Leary als zwei Wortführer der psychedelischen Bewegung argumentieren und eine ganze Generation in ihren Bann ziehen. Der Faden weist den Weg aus dem Labyrinth der alten Welt und führt zur Einheit mit dem inneren und dem äußeren Universum. Zwischen beiden gibt es keinen Unterschied. Leary und Watts adressieren etwa den größtmöglichen Umbruch, die einschneidendste Veränderung und den völligen Bruch mit allem, was bisher geschah. Auch die kybernetische Euphorie ist von der Vorstellung getragen, endlich aus dem Labyrinth des „Allzumenschlichen" herauszufinden, wenn auch mit einer kühleren, mathematischeren Tonlage. Watts abstrahiert – darin ganz Kybernetiker – von der Stofflichkeit und stellt das *Modell* ins Zentrum. Leary spricht von Elektro-

---

[38] Vgl. den ersten stilbildenden Text zu Halluzinationen Esquirol (1821).
[39] Watts (1972/1962, S. 23).
[40] Ebd., S. 25.
[41] Ebd., S. 29.

nik, von Atomen und einem auf der DNS abgelegten *Plan*. Die Überschreitung im
LSD-Rausch ist eine Rückkopplung des verwirrten menschlichen Bewusstseins
mit seinen biologischen Informationen. Vor allem jedoch ebnen beide die Differenz von profaner Realität und Transzendenz oder Göttlichkeit ein. Darin folgen
sie einem von der Kybernetik vorgegebenen Pfad. Auch andere Merkmale kybernetischen Denkens werden aufgerufen: Das Subjekt verliert seine Autorität über das
Denken.[42] Leary behauptet, er spreche nicht selbst: „Ich habe diese Gebote [jene,
die aus der LSD-Erfahrung hervorgehen] nicht erfunden – sie sind das Ergebnis
von über 250 psychedelischen Sitzungen. Sie wurden mir durch mein Nervensystem vermittelt, durch alten, zellularen Rat." Daraus folgt die Aufforderung: „Fragt
Euren DNS-Code."[43] Schließlich findet sich auch das zirkuläre Denken in Feedbackschleifen, Systemen oder Schaltkreisen wieder. Im Rausch erlebt auch Watts
die „Offenbarungen des geheimen Wirkens des Gehirns [. . . ], der assoziativen und
musterbildenden Vorgänge, die *ordnenden Systeme*, die unser ganzes Fühlen und
Denken tragen".[44]

## Fernöstliches und die Merry Pranksters

Zu dieser Vorstellungswelt geordneter, aber *offener* Systeme, die jenseits der Un-
terscheidungen von Subjekt und Objekt, von Materie und Geist operieren und im
LSD-Rausch ans Licht kommen, gibt es ein religiöses Pendant. Man mag einwenden, dass die Erfahrungswelt der Hippies statt von der Kälte kybernetischer
Modelle und Überlegungen vielmehr von der Wohligkeit fernöstlicher, spiritueller
Philosophie geprägt wurde. Nicht Schaltalgebra und Feedbackschleifen tragen die
psychedelische Erleuchtung, sondern Yoga und Meditation. So jedenfalls klingt
es zumeist, wenn Gefühlswelt und Revolutionsgeist der Achtundsechziger bespro-
chen werden. Der Weg zu einem höheren Bewusstsein, welches das Ego degradiert
und einem neuen Gemeinschaftsgefühl zur Geburt verhilft, habe kontemplative
und meditative Praktiken fernöstlicher Prägung zum Vorbild. Und die neue wun-
dersame Droge LSD verkürzt nur den Weg. Eine LSD-Sitzung, gut vorbereitet und
im richtigen Setting, erlaubt unmittelbar und ohne Zeitverzug einen spirituellen
Zustand, der sonst das Ergebnis langwieriger Selbsttechniken sei. Der fernöstlich-

---

[42] Watts zitiert Lancelot Law Whyte: „Der selbstbewußte Mensch denkt, er denkt. Dies ist
seit langem als Fehler erkannt worden, denn das bewußte Subjekt, das denkt, es denkt, ist
nicht dasselbe wie das Organ, das das tatsächliche Denken tut" (Watts, 1972/1962, S. 77f.).
[43] Zitiert in Steckel (1969, S. 155).
[44] Watts (1972/1962, S. 73, H. d. A.).

religiöse Text jedoch wird erst nachträglich, also nachdem bestimmte, kybernetisch inspirierte psychedelische Erzählungen bereits Kontur haben, als Versuch einer narrativen Einfassung der so gravierend anderen Erfahrung aufgerufen werden. Asiatische Esoterik und Mystizismus strukturieren die Erfahrungswelt der psychedelischen 1960er Jahre nicht, sondern malen sie nur bunt aus.

Einerseits überlappen oder decken sich die Wissensbestände von Kybernetik hier und fernöstlicher Philosophie dort. Sie verweisen auf den gleichen Punkt, auch wenn sie mit einem völlig unterschiedlichen Aussehen daherkommen. Andererseits drängt sich anhand einiger biographischer Eckpunkte von tragenden Figuren der psychedelischen Revolution der Verdacht auf, die philosophische Haltung des fernen Ostens ist „gefundenes Fressen", um die Erleuchtung in eine popkulturell anschlussfähige Sprache zu gießen. Die Anwälte der LSD-Erleuchtung forschen zumeist Jahre in psychiatrischen Anstalten und erfahren dort ihre Prägung. Als die Bewegung Anfang der 1960er Jahre ins Politische kippt, reisen sie in Länder, in denen Zen, Tao usw. eine Rolle spielen. Dort sehen und erfahren sie eine philosophische und religiöse Haltung, in der sie ihr kybernetisch geprägtes Wissen eines fundamental anderen Denkens vermeintlich wiederfinden.

Für die unmittelbare Verwandtschaft (zumindest in der westlichen, psychedelischen Fertigung fernöstlicher Denkgebäude) gibt es einige Indizien. Watts etwa argumentiert, dass Taoismus und Zen-Buddhismus kein „Universum voraussetzen, das Materielles und Geistiges trennt". Im Rahmen der Kybernetik öffnet sich auf ähnliche Weise eine neue Welt mit Blick auf die alles durchdringenden Informationen. Sie nivellieren ebenso den Unterschied zwischen materiell und immateriell. „Taoismus und Zen sind gleichermaßen auf einer Philosophie der *Relativität* gegründet", fährt Watts fort. Aber „diese Philosophie ist nicht bloß spekulativ. Sie ist eine Disziplin im Bewußtsein, als dessen Resultat die gemeinsame *Wechselbeziehung aller Dinge* und aller Geschehnisse ein permanentes Erlebnis wird."[45] Relativität und die zirkuläre Abhängigkeit von allem mit allem sind eben jene popularisierten (und trivialisierten) Denkfiguren, welche die Komplexität kybernetischer Beschreibungen auf ein erträgliches und vor allem verständliches Maß reduzieren.

Ein anderes, sehr einflussreiches Buch von Leary, Alpert und Metzner zeigt die Nähe ebenfalls. 1964 veröffentlichen die drei ehemaligen Harvard-Kollegen den Text *Psychedelische Erfahrungen. Ein Handbuch nach den Weisungen des Tibetanischen Totenbuchs.*[46] Diese ausführliche Anleitung zu einer psychedelischen Sitzung präsentiert das Thema zwar in einer bemüht feinen, philosophischen

---

[45] Ebd., S. 24, H. d. A.
[46] Alpert u. a. (1993/1964).

Sprache, schließlich gilt ein buddhistischer Text aus dem 8. Jahrhundert als Orientierung. Dennoch ist die Nähe zum kybernetischen Diskurs der Zeit schwer zu übersehen. Die Droge, stellen die Autoren gleich zu Beginn klar, provoziere nicht selbst die „transzendentale Erfahrung", sie wirke „nur als chemischer Schlüssel, indem sie das geistige Bewußtsein öffnet und das Nervensystem von seinen gewöhnlichen Modellen und Strukturen frei macht".[47] Subtrahiert man die esoterische Sprache, bleibt das gleiche Denken übrig: Kein Subjekt mehr, keine Sozialisation, dafür Zirkularität, Rückkopplung und All-Einheit.

Alpert, besser bekannt als *Ram Dass*, ist vielleicht typisch für den Weg der Erleuchtung und den Umstand, dass westliche, mithin kybernetische Einflüsse ein Denken in Schwung bringen, das eine psychedelische Erfahrung spiegelt und fernöstlich kleidet. Er ist Jahrgang 1931, studierte Psychologie, promovierte 1958 an der Stanford University und forschte vor allem zum Thema Prüfungsangst. Danach lehrte er gemeinsam mit Leary in Harvard, schied jedoch 1963 aus dem Universitätsdienst aus, weil er im Rahmen des „Harvard Psilocybin Project" Studierenden LSD verabreicht hatte. Nach seinem Rauswurf ging er mit Leary zusammen nach Millbrook, um weiter mit psychedelischen Drogen zu experimentieren. Erst 1967, auf dem Höhepunkt der LSD-Welle, reist Alpert nach Indien und gibt sich intensiv Meditationspraktiken und Yoga hin. Überzeugt davon, im Hinduismus die passende Religion zur psychedelischen Erleuchtung gefunden zu haben, konvertiert er noch im selben Jahr und nennt sich von nun an Ram Dass (Diener Gottes). Spirituell bekehrt und erleuchtet kehrt er mit seinem neuen Namen und einer klaren Botschaft zurück und sorgt in den USA für einigen Wirbel.

Es bleibt freilich spekulativ, aber der Verdacht liegt nahe, dass Alpert eine religiöse Entsprechung, ein schönes Gewand für vorher eher kühle, vielleicht technische aber unbedingt radikale Denkspuren gefunden hat. Vor allem dann, wenn beide Lehren an zentralen Punkten so gut zusammenpassen, wenn jeweils das Subjekt bzw. das Ego falsch und Zirkularität und Relativität angezeigt sind, ist der Sprung aus der Psychiatrie in hinduistische Gedankenwelten nicht sonderlich weit. Der alte Beat Ginsberg, wahrlich kein Kybernetiker, reist auch erst nach seiner Erleuchtung 1961 nach Indien und Japan, um endlich eine religiöse und spirituelle Heimat zu finden. Eine fernöstliche Lehre lässt sich zudem im Kontext der 1960er deutlich besser unter die Leute bringen als ein universalisiertes Denken in Regelkreisen. Im Ergebnis läuft zwar alles darauf hinaus, die Welt komplett anders zu sehen und den abgeschmackten subjektiven Blick endlich abzulegen. Die Erkennt-

---

[47] Ebd., S. 9.

nisse jedoch fernöstlich zu verpacken, gibt ihnen mehr Farbe, mehr Wohlbefinden, mehr Anhänger.

Man mag zu Recht einwenden, dass Leary, Watts, Alpert und die fernöstliche Etikette die Gefühlslage nur bedingt abbilden. Dennoch liegt das entsprechende Verständnis psychedelischer Erleuchtung fast allem zugrunde. Jay Stevens bringt es auf den Punkt: Die Hippies „saugten Leary, Huxley und Alan Watts auf, nahmen die publikumstauglichen Elemente auf und lösten sich vom Rest".[48] Versehen mit einem Schuss fernöstlicher Philosophie – und damit umgeben vom Charme des ganz Anderen, des Fremden –, ergibt sich so Stück für Stück das Bild einer Gefühlslage, die Eindruck macht und dennoch zweifellos nur einen Teil der Geschichte abdeckt.

Auch die Merry Pranksters um Kesey zeigen dies. Kesey war 1962 über Nacht zu Weltruhm gelangt, nachdem sein Werk *Einer flog über das Kuckucksnest* im Buchhandel durch die Decke gegangen war. Der psychiatriekritische Roman trifft Mitte der 1960er Jahre den Nerv der Zeit, weil er Normierung und Zwang problematisiert und damit den Finger in die Wunde der puritanischen Spießergesellschaft legt. 1964 schließlich macht sich Kesey mit einer Schar von Freunden, die zu diesem Zeitpunkt schon eine Weile in seinem Haus verbracht hatten, mit einem alten, bemalten Schulbus namens *further* auf die Reise durch die USA, um der Welt eine neue, vom LSD berauschte Vision nahezubringen. Am Steuer sitzt Neal Cassady, einer alter Beat und enger Freund von Ginsberg.

Mit „Acid Tests" genannten Rauschsitzungen wollen Kesey und seine Leute die Droge LSD und mit ihr ein anderes Leben unter die Leute bringen. Es handelt sich dabei nicht um einen Selbstzweck, vielmehr hängen am möglichst weit zu verbreitenden LSD-Rausch eine Reihe euphorischer Hoffnungen auf eine bessere weil durch LSD erleuchtete Welt. Ein LSD-Trip gilt auch im Rahmen dieser Busfahrt nicht nur als Überschreitung des eigenen Bewusstseins, verstanden als Einblick ins Unbewusste oder in die Tiefen des Seelenlebens. Vielmehr führe er zur kollektiven Erfahrung einer anderen Welt, in der die Grenze subjektiver Wahrnehmung durch unmissverständliche „Intersubjektivität" obsolet wird.[49] Es handelt sich nicht um eine individuelle Drogenerfahrung, sondern um *„die Erfahrung"*, durch welche „die Barriere zwischen dem Subjektiven und dem Objektiven, dem Persönlichen und dem Unpersönlichen, dem Ich und dem Nicht-Ich in sich" zusammenfällt.[50] „Wir sind hier alle ein Gehirn",[51] schildert der Schriftsteller Tom Wolfe in seinem

---

[48] Stevens (1988, S. 303).
[49] Wolfe (2009/1968, 88f., 156). Zur Reise der Pranksters vgl. u. a. Perry (1990).
[50] Wolfe (2009/1968, S. 68).
[51] Ebd., S. 139.

Buch *The Electric Cool-Aid Acid Test*, der ebenfalls im Bus sitzt und der skurrilen Fahrt ein literarisches Denkmal setzt.

Dabei ist die Euphorie kaum zu bremsen: „Was sie alle in einem *Blitz!* [sprich im LSD-Rausch] gesehen haben, war die Lösung für das grundlegende Dilemma des *Menschseins*, das eigene *Ich*, das sich sterblich und hilflos in einem gewaltigen unpersönlichen *Es*, die Welt um mich herum, gefangen sieht. Und mit einem Schlag! – All-Einheit! – fließt alles ineinander über, *Ich* in *Es* und *Es* in *Mich.*"[52] Die Hoffnung ist, „dass die Menschheit im Begriff stehe, auf der Evolutionsleiter eine ganze Stufe zu erklimmen".[53] Das Problem dieser überwältigenden Erfahrung ist allerdings, dass sie der Sprache oder gar einzelnen Wörtern nicht zugänglich ist. Sie lässt sich nicht oder nur sehr umständlich in Worte verpacken, handelt es sich doch um eine Erfahrung jenseits des rein subjektiven sprachlichen oder sprachbegabten Bewusstseins. Deshalb zieht der Bus weite Kreise, weil der Trip zwingend für sich sprechen muss. Die Pranksters fahren durch die Lande und veranstalten Sit-ins, bei denen gerade nicht über die Erfahrung und ihre Bedeutung gesprochen wird. Vielmehr sind kollektive LSD-Trips Programm, weil nur so die absolute Einsicht zu vermitteln sei. Sprache ist nur Notbehelf, nur operatives Mittel. Die psychedelische Wahrheit muss sich ereignen. Es dauert nicht lange, und die Öffentlichkeit nimmt Notiz vom psychedelischen Bus und seinen Insassen, die den einen als revolutionäre Avantgarde und den anderen als durchgeknallter Haufen erscheinen.

Wolfes Ausführungen über die Stimmungslage im Bus sind, um nochmals ein wenig ins Detail zu gehen, ohne Weiteres an Learys aus der Psychiatrie stammende und kybernetisch aufgeladene Visionen anschlussfähig. Kesey und die Pranksters stoßen beständig auf Intersubjektivität und umreißen einen Weg, der auf die Auflösung der klassischen Leitdifferenz zwischen Subjekt und Objekt abzielt. Die Rede von All-Einheit signalisiert es deutlich. Dabei handelt es sich nicht nur um eine kollektive Ekstase, die vielleicht eine Gemeinsamkeit aller Subjekte ins Bewusstsein ruft. Vielmehr verbinden sich alle Einzelelemente und lösen die Figur des Subjekts, die veraltete Maske, die Leary andernorts „Ego" nennt, komplett auf. Aus den Vielen wird „ein *Gehirn*". Zwar ist Kesey skeptisch gegenüber den „Herrn Doktoren Timothy Leary und Richard Alpert", schließlich hatte er *das* Werk gegen die Psychiatrie und ihre Praktiken geschrieben. Die beiden allerdings stehen zu diesem Zeitpunkt bereits im Mittelpunkt des medialen Interesses, weil sie „die grauen Zellen kreuzbraver Harvard-Jungs damit [LSD] zu Pommes frittierten".[54] Offen-

---

[52] Ebd., S. 180.
[53] Austin (2005, S. 189).
[54] Wolfe (2009/1968, S. 67).

bar gibt es eine dringliche Gemeinsamkeit. „Und du hast ja keine Ahnung, Junge", heißt es, „mit diesen Medikamenten [LSD und Meskalin] veränderst du dein Bewusstsein dermaßen, dass du aus total neuen Augenhöhlen zu schauen meinst."[55] Dies ist der Weg der enorm öffentlichkeitswirksamen Pranksters, und Leary selbst hat ihn vorgegeben. „[E]iner muss nun mal den Pionier machen und den Weg markieren," umschreibt Wolfe die Stimmung, als der Bus auf dem Weg nach New York ist. Die anderen müssen nur noch folgen. „Wenn Leary das tun will, dann ist das in Ordnung, ist schließlich eine gute Sache, und irgend jemand sollte es tun."[56] Kesey verpackt die Anpassung des Menschen an eine neue, atomare und elektronische Zeit in eine heroische Sprache (die doch nicht vermeidbar ist), verweist damit aber zumindest indirekt auf eine Überschreitungs- bzw. Anpassungserzählung, die theoretisch von Leary ausformuliert wird. Der „Blitz", der Kesey „[e]ines Nachts in Mexiko" zumindest symbolisch trifft, beschert ihm eine „zweite Haut – aus Blitzen, aus Elektrizität, es war wie ein Anzug aus Strom".[57] Die direkt folgende Metapher des „Superhelden", zu dem wir alle werden könnten (oder müssten), ist eine literarische Chiffre für Learys Menschen ohne Subjektivität, für seinen Homo sapiens cyberneticus. Der Anzug aus Strom verknüpft den Körper direkt mit dem Universum, Informationen, und markiert den alten Menschen mit seiner Haut als Fußnote der Weltgeschichte.

Die Pranksters, die sich genauso als „außergewöhnliche Geheimgesellschaft" verstehen wie Learys Gruppe, fahren schließlich nach Millbrook, wo Leary, Alpert und andere in einem Landhaus gastieren und psychedelische Sitzungen in Serie abhalten. Vielleicht ließe sich sogar der Zusammenschluss wagen, damit der Umbruch tatsächlich ins Rollen kommen könnte. Schließlich handelt es sich auch bei den Anhängern Learys um die „einzigen Menschen auf der ganzen Welt, die mit dem phantastischsten Experiment am menschlichen Bewusstsein beschäftigt waren, das je einer ersonnen hatte. [...] Und jetzt stand das erste Treffen dieser beiden Geheimbünde, die den Energieschub einer neuen Welt in sich bargen, bevor."[58] Obwohl oder weil die Erwartungen sehr hoch sind, ist das Treffen letztlich ein glatter Reinfall. Die Leute in Millbrook gleichen, kommentiert Wolfe die Stimmung im Bus, einer „einzigen großen verklemmten Verstopfung".[59] Dennoch ist deutlich, welchen Einfluss Leary und seine Ausführungen zum LSD-Rausch auch für jene Teile der Counterculture haben, die mittlerweile auf dem LSD-Trip sind.

---

[55] Ebd.
[56] Ebd., S. 48.
[57] Ebd., S. 47.
[58] Ebd., S. 48.
[59] Ebd., S. 152.

Und diese versuchen alles, um die psychedelische Erleuchtung gegen politischen Widerstände und Anfeindungen zu verbreiten – ohne durchschlagenden Erfolg.

Wolfe hat allerdings nicht ganz recht, wenn er von den einzigen Menschen auf der Welt spricht, die einen radikalen, psychedelischen Umbruch forcieren. Unweit von Millbrock, in Garnerville im Bundesstaat New York, gastiert ab etwa 1962 eine Gruppe Künstler um Michael Callahan und Gerd Stern in einer Methodistenkirche und produziert neue, andere Kunst. Unter anderem beeinflusst von John Cage sucht die Gruppe, die sich USCO nennt, nach einem Kunststil, der nichts mehr mit Autor und Werk, mit Intention und subjektivem Ausdruck oder Kontemplation zu tun haben will. Zirkulation und Entgrenzung, eine „psychedelische Feier der Technik",[60] die sich in Aktionskunst ergießen und eine ganz andere Erfahrung hervorruft, stehen im Mittelpunkt. Intellektuell geformt wird die Gruppe vor allem durch die Texte Wieners, durch McLuhann und den avantgardistischen Architekten und Systemtheoretiker Buckminster Fuller. Das Motto lautet „Wir sind alle eins" („We Are All One"),[61] und die Multimediakunst soll dazu dienen, dass das Denken und Wahrnehmen der Zuschauer mit jenem der Künstler zu einem größeren Informationsfluss verschmilzt. Es geht darum, die Grenzen zwischen den Individuen und zwischen Subjekt und Technik aufzulösen und einer Erfahrung Raum zu geben, die im Kern kybernetisch ist. Das „techno-mystische" Denken der Gruppe entspringt also einer Debatte, die quer zu allen gängigen Disziplinen liegt und an einen kybernetischen Plot anschließt. Informationen zirkulieren und tragen Systeme, welche die Wahrnehmung des Einzelnen restlos durcheinanderbringt und – genau wie LSD – das Subjekt aus der Spur springen lässt.

Es dauert nicht sonderlich lange, bis die USCO-Künstler mit LSD in Berührung kommen. Stewart Brand – der Prankster, der Rechenmaschinen den Namen *personal computer* gibt – und Leary stehen im Austausch mit ihnen und registrieren schnell die auffälligen Gemeinsamkeiten zwischen dem von Drogen erleuchteten Denken und jenem, das auf einem sehr ähnlichen Pfad der Erkenntnis unterwegs ist, aber vordergründig mit Technik experimentiert. Ende Januar 1966 organisieren USCO zusammen mit Brand und anderen eine Riesenparty, die drei Tage gehen sollte. Geplant ist ein Setting, das eine „full-blown psychedelic experience",[62] also eine volle psychedelische Breitseite liefern soll – allerdings ohne die Droge selbst, nur mit technischen Mitteln, mit Lichtinstallationen, Geräuschen und Musik. Der Grund dafür ist, dass just zu diesem Zeitpunkt, Anfang 1966, LSD in Kalifornien verboten wird. Die Party hat den Zweck, die kybernetisch-psychedelische Erwe-

---

[60] Turner (2006, S. 49).
[61] Ebd., S. 54.
[62] Ebd., S. 66.

ckung auch jenseits des Stoffs zugänglich zu machen und damit zu verdeutlichen, dass die Behörden zwar einen Stoff aus dem Verkehr ziehen oder mindestens kriminalisieren können; einer radikalen, revolutionären Erfahrungswelt werden sie jedoch nicht ohne Weiteres Herr.

Der Versuch, die LSD-Erfahrung weiter zu streuen, um Bewegung in den verkrusteten Gesellschaftskörper bringen, verbreitet sich weiter – bis zu den Hell's Angels. „Niemand", schreibt der Erfinder des Gonzo-Journalismus und Autor von *Angst und Schrecken in Las Vegas* Hunter S. Thompson resümierend, „der zu jener Zeit in dieser Szene zu Hause war, konnte voraussehen, welche Implikationen es hatte, daß Ginsberg & Kesey mit ihrem Versuch scheiterten, die Hell's Angels zu überreden, ein Bündnis mit der radikalen Linken von Berkeley einzugehen."[63] Kesey hatte zuvor die Rocker auf den LSD-Trip gebracht, um der eigenen, wiederum deutlich von Leary beeinflussten Erzählung einer anderen und besseren Welt *nach* der LSD-Erfahrung mehr Breitenwirkung zu verschaffen. Jenseits der Details ist vor allem zu erkennen, welche Bekanntheit ein recht spezifisches Bild des Rauschs und seiner Potentiale erlangt, auch wenn offen bleiben muss, was genau die Hell's Angels auf ihrem Trip erleben. Im Hintergrund jedenfalls schwingt beständig eine kybernetische Phantasie mit.

1968, als der Bus längst seinen Dienst versagt hat, erscheint in San Francisco der berühmte *Whole Earth Catalog*,[64] herausgegeben von jenem Brand, der zumindest zeitweise ebenfalls zu den Merry Pranksters zählt. Dieser Warenkatalog gilt als Produkt der Gegenkultur und zeigt auf einem leicht verschobenen Spielfeld, wie nah sich Gegenkultur und Kybernetik sind. Das bis 1972 etwa vierteljährlich und dann noch gelegentlich erscheinende Heft versammelt Dinge, die nützlich, billig, von hoher Qualität, nicht alltäglich und auf keinen Fall Mainstream sind. In der berühmten ersten Ausgabe wird unter anderem Wieners *Mensch und Menschmaschine* angepriesen. Das Buch, erklärt der Katalog, beschreibt eine „n-dimensional bewohnte Welt, deren Natur wir noch zu begreifen, zu lernen haben".[65] Ebenfalls als gegenkultureller Lesetipp wird John C. Lillys Werk *Human Biocomputer. Programming and Metaprogramming* aus dem Jahr 1967 verhandelt.[66] Das spricht für sich. Der Katalog wird zum Verkaufsschlager, vermutlich nicht obwohl, sondern weil er solche Bücher und Themen verhandelt.

---

[63] Thompson (2005/1971, S. 224).
[64] Brand (1968).
[65] Ebd., S. 11.
[66] Lilly (1967).

## Ausbruch oder Anpassung?

Die psychedelische Wahrheit, *die* Erfahrung markiert also ein fröhliches Ende des denkenden Subjekts und den Kurzschluss von Wissenschaft und Religion. Ein solches Selbstverständnis gleicht einerseits einem Ausbruch aus alten Mustern, aus Ego und Konkurrenz. Andererseits jedoch kommt es einer *Anpassungsleistung* des Menschen an eine nach 1945 stark veränderte Welt gleich. Schließlich sind „[m]enschliche Wesen, die nach 1945 geboren wurden, [...] einfach eine andere Spezies als ihre Vorfahren. Drei neue Energien, genauestens systematisch und komplementär – Atome, Elektronik und Psychedelika – haben eine evolutionäre Mutation zustande gebracht"[67] – oder sollen dies noch bewerkstelligen. Die Wissenschaft und – zumindest in ihren technischen Zusammenhängen – auch die Gesellschaft sind bereits so weit. Nur der Mensch hinkt hinterher, weil die dritte „Energie" noch fehlt. „Erwiesenermaßen ist es heute möglich, durch die Einnahme kleinster Mengen einer Substanz, die biochemische Gleichgewichte innerhalb unseres Nervensystems verändert, direkt einige der Dinge zu erleben, die wir äußerlich durch die Linse des Mikroskops sehen können."[68] Die LSD-Erfahrung ist also nicht nur schön, sondern dient dazu, den Rückstand aufzuholen und ist lehrreich in einem akademischen Sinn. Das berauschte Individuum erlebt die ersten morgendlichen Regungen; es ist auf dem Weg, die alten (umnachteten) philosophischen Spekulationen über das Sein und die eingeschliffenen Vorstellungen von Subjekt und Ego endlich zu vergessen und zu einer „Ontologie des Werdens" als reines Hier und Jetzt durchzubrechen.[69] Der Schlaf, aus dem Leary den Menschen erwachen sieht, vernebelte zugleich die Vernunft. Dem Menschen des 20. Jahrhunderts ist seine eigene Technologie enteilt, die er nur mit LSD einholen und sich ihr anpassen könne.

Parallel zur Adaption an die technischen Rahmenbedingungen der Zeit, an Atome und Elektronik, liefert die LSD-Erfahrung auch eine Rückkopplung an vermeintlich unverrückbare biologische Tatsachen. „Die moderne Psychologie sieht, genau wie der moderne Mensch, nicht gern den spärlich, runzelhäutigen Tatsachen über die menschliche Vergänglichkeit ins Gesicht", schreibt Leary. „Das Schachspiel der Persönlichkeit wird zu übermächtiger Bedeutung aufgeblasen."[70] Solang, bis das LSD zu wirken beginnt. Dann offenbare sich auch die biologische Wahrheit, die alle menschliche Verwirrung verjagt. Zwar ist das Ego eine Tatsache, doch

---

[67] Leary (1982/1968, S. 164).
[68] Ebd., S. 261.
[69] Vgl. Pickering (2007, S. 85).
[70] Leary (1982/1968, 36, H. d. A.).

es „ist bodenlos trivial, wenn man es mit dem ‚atomaren Ich‘, dem ‚DNS-Ich‘ vergleicht, aber das ist der herrliche Humor des kosmischen Versteckspiels", fährt Leary fort. „Dieses ‚soziale Ego‘ kann eine so exzentrische, verrückte Macht besitzen, daß es andere Göttlichkeiten, die unter unserer Haut liegen, tarnt."[71] Diese Göttlichkeiten unter der Haut sind keine Gewebefetzen, sondern *Informationen*, die auf der DNS liegend darauf warten, abgerufen zu werden.

Der LSD-Rausch hat schließlich einen doppelten Effekt. Einerseits lässt er das Individuum erkennen oder zumindest erahnen, dass das Ego eine Farce und „für immer verloren ist", dass es „mit seinen kläglichen Schwindeleien und Ambitionen nur ein Bruchteil" des Wirklichen ist.[72] Andererseits gibt es dem Reisenden alle Mittel an die Hand, den DNS-Code zu entziffern und in diesem Zusammenhang zu erkennen, dass hinter der albernen Fassade der Subjektivität ein Universum auf seine Entdeckung wartet, in dem das Individuum zu einer höheren Lebensform mutiert. Leary ruft die von allen sozialen und kulturellen Tatsachen bereinigte biologische Wahrheit des Menschen auf, die nun als Feedback auch sein Denken und Handeln beeinflussen, wenn nicht determinieren müsse.[73] Mit anderen Worten: Der LSD-Reisende sammelt während des Surftrips auf der eigenen DNS alle nötigen Informationen, um die eigene Bedeutungslosigkeit zu erkennen und im großen „Immanenzplan" (Gilles Deleuze) aufzugehen.[74] *Die* Erfahrung bringt es also mit sich, mit der eigenen Biologie zur Deckung zu kommen.[75] Auch für Huxley waren die Landschaften, die er von den Flügeln von Meskalin und LSD aus in Augenschein nehmen konnte, Teil der objektiven Wirklichkeit, also Teil dessen, was prinzipiell auch die Wissenschaft habe sehen können. Offensichtlich führt LSD auf den richtigen Pfad (zurück) und liefert den chemischen Rahmen, den Menschen erstens mit den Bedingungen der Zeit und zweitens mit seiner Natur in Einklang zu bringen – oder, anders formuliert, ihn an beides anzupassen.

Wie eng Anpassung und Flucht aus den bürgerlichen Zwängen beieinanderliegen, offenbart auch ein Blick auf den tschechischen Psychotherapeuten Stanislav

---

[71] Ebd., S. 35.

[72] Ebd., S. 36.

[73] Was der Blick auf die eigene DNS zum Vorschein bringt, kann nur der „dritte[n] Kategorie jenseits von Stoff und Energie" entspringen: der Information (Pias, 2003, S. 14).

[74] Vgl. Deleuze und Guattari (1988).

[75] In einer späteren Publikation skizziert Leary die Verbindung von DNS, Neuronen und Bewusstsein noch eine Spur klarer und benennt insgesamt sieben „Schaltkreise". Fünf davon sind gewissermaßen eine andere, neurologische Interpretation des „klassischen" Bewusstseins, ergänzt vom „Ekstase-Schaltkreis" und dem „neuro-genetische[n] Schaltkreis" (vgl. Leary (o. J./1973)). Der entscheidende Punkt ist, dass das „menschliche Wesen lernen" müsse, „vielschichtige, multisensorische elektrische und elektronische Kommunikationsmittel und -weisen von Inter-Person-Verbindungen zu benutzen" (Leary, o. J./1973, S. 38f.).

Grof, der ab 1965 mehrfach auf Einladungen hin in den USA arbeitet bzw. lehrt und ebenfalls zu einiger Bekanntheit gelangt. Grof therapiert den Patienten Erwin mit LSD psycholytisch, der als starker Zwangsneurotiker nicht umhinkommt, sich „eine geometrische Struktur mit zwei Koordinatenachsen vorzustellen und in dieses System alle Probleme und Pflichten, die ihm im täglichen Leben begegneten, einzuordnen".[76] Grund für die Wiederaufnahme der Therapie ist sein Gefühl, „der Schwerpunkt seines imaginären Koordinatensystems verschiebe sich nach links".[77] Der Patient hat, bevor die „psycholytische Therapie" begonnen wird,[78] bereits einige Versuche therapeutischer Interventionen hinter sich – mit und ohne Medikation. Nach einer zweiwöchigen psychologischen Vorbereitung wird mit „regelmäßigen LSD-Sitzungen im Abstand von je einer Woche begonnen. Die anfängliche Dosis von 100 Mikrogramm wurde jede Woche um 50 bis 100 Mikrogramm erhöht, da er [der Patient Erwin] kaum eine Reaktion zeigte."[79] Bereits dieser Umstand erscheint, mit Blick auf andere Versuche, überraschend, schließlich nennt Hofmann schon eine Dosis von 130 Mikrogramm als für die Anwendung in der Psychiatrie relevant.[80] Erwin jedoch landet schließlich bei einer intramuskulär injizierten Dosis von sage und schreibe 1500 Mikrogramm, womit Grof die Hoffnung verbindet, Erwins „Widerstand überwinden zu können".[81] Allerdings passiert mit Erwin selbst bei einer so ungeheuerlichen Dosis zunächst nichts, und erst nach „38 Sitzungen mit hohen Dosen war Erwins Abwehrsystem soweit abgebaut, daß er anfing, in die Kindheit zu regredieren und traumatische Erfahrungen wiederzuerleben".[82] Welche ethisch und therapeutisch vertretbaren Ziele Grof auch immer mit seiner Praxis verbindet, die Anwendung einer solch hohen Dosis über einen langen Zeitraum zur Brechung der individuellen Abwehrkräfte kippt in Richtung experimenteller Menschenversuche. Zwar arbeitet Grof psychoanalytisch und steht damit etwas neben der hier betonten Rückkopplung mit biologischen

---

[76] Grof (1985/1975, S. 51).

[77] Ebd.

[78] Ebd. Psycholytisch meint in diesem Zusammenhang eine angestrebte Auflösung der Symptome durch – vom LSD unterstützte – Aktualisierung traumatischer Erlebnisse. Psycholytisch ist neben psychedelisch und „psychoadjunctive" eine Version oder Spielart, mit LSD Spuren des Unbewussten auszugraben und damit einen Heilungseffekt zu erzielen. Diese Differenzierung formiert sich entlang verschiedener „methodologies involving time span of treatment, number of LSD sessions, dosage level, and longer time span of treatment, a larger number of drug sessions and either an in- or outpatient setting" (Mechaneck u. a., 1968, S. 490); vgl. auch Crocket (1963).

[79] Grof (1985/1975, S. 51).

[80] Hofmann (1993, S. 45).

[81] Grof (1985/1975, S. 51).

[82] Ebd., S. 52.

Tatsachen. Doch auch hier muss sich die bewusste Oberfläche (oder die Oberfläche des Bewusstseins) den tieferliegenden Tatsachen anpassen, sie zulassen und mit ihnen arbeiten. Grof selbst zählt mit seinen Versuchen und Therapien zu den prägenden Figuren der psychedelischen Erleuchtung.

Die Spur therapeutischer Hoffnungen zieht sich wie ein roter Faden bis in die späten 1960er Jahre. Dabei stehen Alkoholiker, Drogensüchtige, kriminelle Psychopathen, sexuell Abartige und schwere Charakterneurotiker als typische Patientengruppen im Zentrum der Aufmerksamkeit,[83] die für übliche Therapieformen nur bedingt bis gar nicht empfänglich sind. All das läuft parallel zu den Versuchen, die psychedelische Revolution aufs Gleis zu stellen und wird in Teilen von den gleichen Figuren praktiziert, die LSD als politische Waffe nutzen wollen.

Dichter am Geschehen als Grof ist in diesem Zusammenhang Alpert alias Ram Dass. Er veröffentlicht – zwei Jahre nachdem er zum Hinduismus konvertiert war – einen Text namens *LSD and Sexuality* im von Leary gegründeten Zentralorgan der Bewegung, *Psychedelic Review*. Zunächst stellt Alpert fest, dass LSD sehr wahrscheinlich für therapeutische Zwecke nutzbar ist: „Es ist unser Arbeitsmodell, dass psychedelische Drogen als therapeutisches Vehikel durch Reorganisation von Wahrnehmung, Kognition und Affekten dienlich sind."[84] Der Begriff Reorganisation gibt bereits die Richtung vor und verdeutlicht, dass es nicht um einen Ausbruch, um etwas ganz anderes, um eine ganz andere Einsicht geht. Vielmehr ist der Plan, eine eigentliche oder gar natürliche, biologische Ordnung (der Identität) wieder ins Werk zu setzen, von der die Patienten aus welchen Gründen auch immer abgefallen seien.

Alpert berichtet von einem 38-jährigen Patienten, „der seit seinem fünfzehnten Lebensjahr homosexuelles Verhalten auslebt".[85] Dieser Patient kam, Alpert zufolge, von selbst zu ihm in die Therapie, in der Hoffnung, sein Laster abstreifen und „normal" sein zu können. Während der LSD-Sitzungen präsentiert Alpert ihm Dias von berühmten und anmutigen Frauenbildern (die *Mona Lisa* sowie Bilder von Raffael oder Tizian). Der durchschlagende Erfolg dieser psycholytischen Therapie lässt nicht lange auf sich warten: „Später berichtete der Patient von einer anfänglich panischen Reaktion der Ablehnung, gefolgt von einem wachsenden Interesse und schließlich der Erfahrung, ‚wie biologisch einleuchtend, sinnfällig und evident Heterosexualität ist.'" Diese Einsicht beeinflusst auch den Alltag des Patienten: „Er berichtete davon, die Anziehungskraft dieser [zuvor auf Bildern präsentierten] Frauen, sowohl sexuell als auch sonst, erfahren zu haben. Das begeisterte

---

[83] Vgl. Mechaneck u. a. (1968, S. 490).
[84] Alpert (1969, S. 21).
[85] Ebd., S. 22.

und ermutigte ihn, weil es das erste Mal war, dass er sich bewusst einer solchen Erfahrung, solcher Gefühle in Verbindung mit einer Frau, erinnerte."[86] Der therapeutische Erfolg hat Bestand, berichtet Alpert weiter. Der Patient lebt ein Jahr nach der Behandlung bereits seit acht Monaten mit einer Frau zusammen. „Sie hatten jeden Abend Sex, außer während ihrer Periode."[87] Zwar berichtet der Patient von drei weiteren homosexuellen Erfahrungen, die allerdings nur dazu dienten herauszufinden, wie sich die Dinge im konkreten Vergleich anfühlen. Die neue sexuelle Beziehung zu einer Frau sei verglichen mit den homosexuellen Praktiken „viel befriedigender".[88]

Alpert predigt also mitten im Tumult der 1960er Jahre, die nicht zuletzt „freie Liebe" propagieren, eine kybernetisch inspirierte oder zumindest zur neuen Steuerungswissenschaft komplementäre Hindulehre und glaubt gleichzeitig, Schwule mit LSD von ihrer Irrfahrt abbringen zu können. Schließlich hat die Droge die Kraft, die biologischen Tatsachen ins Bewusstsein einzuschleusen. Das müsste, dieser eigenwilligen Logik zufolge, auch dazu führen, das natürliche Backend der Sexualität unvermittelt zu erleben. Alpert ist akademisch, revolutionär und religiös unterwegs, mitunter an der Seite von Ginsberg, der sicherlich wenig Interesse an einer Heilung von seiner vermeintlichen Krankheit hat.

Alperts Hybris verweist auch auf einen anderen Umstand oder besser eine andere Dopplung. Mit psychedelischen Stoffen umzugehen, kann einerseits Teil eines abgesicherten wissenschaftlichen *Experiments* oder eines mindestens versuchsweise stabilen therapeutischen Settings sein. Deren Ergebnisse werden jeweils gewissenhaft ausgewertet und nach angenommenen objektiven Maßstäben eingeordnet. Es gibt eine fixierte Versuchsanordnung, externe Beobachter, verschiedene Versuchspersonen, Kontrollgruppen und den Anspruch der Nachprüfbarkeit. Andererseits folgt das Spiel mit psychedelischen Drogen jenseits der wissenschaftlichen Untersuchungen einer ergebnisoffenen Geste des *Experimentierens*. Diese idealtypische Praxis legt weniger Bedeutung in die Rahmenbedingungen und zeitigt folglich keinen im strengen Sinn wissenschaftlichen Erkenntnisgewinn. Zudem sind Beobachter und Untersuchungsgegenstand zumeist eins. Das Experimentieren könnte folglich als Name für eine vorrangig performative und ergebnisoffene Vorgehensweise dienen und eine Kultur des „Versuchs" bezeichnen, die sich jenseits des Labors ereignet.

Im Kontext der LSD-Euphorie der späten 1950er und 1960er Jahre vermischen sich beide Praktiken und rufen einen Umgang mit Drogen hervor, der permanent

---

[86] Ebd.
[87] Ebd., S. 23.
[88] Ebd.

zwischen Normalisierung und Denormalisierung, Anpassung und Freiheit, Aufbruch und Rückkehr oder eben Experiment und Experimentieren oszilliert. Gerade weil psychedelische Erfahrungen den starken Eindruck eines Wahrheitsereignisse hervorzurufen scheinen, wird auf verschiedenen Ebenen mit Nachdruck daran gearbeitet, diese Erfahrung breit zu streuen, ihre Effekte gut zu steuern und in Bahnen zu lenken. Sie darf gerade nicht dem Subjekt oder dem Zufall überlassen bleiben. Im Zustand der LSD-Ekstase entrollt sich nicht irgendein Theater, sondern Wahrheiten werden jenseits subjektiver Deutungen sichtbar, so die Vermutung. Damit geht zugleich der Anspruch einher, diese Kunde *objektiver* Tatsachen über den eigenen Erfahrungsraum hinaus in die Welt zu tragen. Von hier aus ist der Schritt zu bisweilen kompromisslosen Normalitätsvorstellungen nicht weit. Alpert als Homosexualität heilender Psychiater und Hinduguru, Leary als Apostel der psychedelischen Erleuchtung und empirisch forschender Arzt verdeutlichen diese Verdopplungen und Irritationen, diese bisweilen bizarre Mischung aus Freiheits- und Normalisierungsanspruch.

Die psychedelischen Verfahren der 1960er schlagen die Brücke zwischen Ergebnisoffenheit und einem Anspruch auf Wahrheit. Sie schwanken zwischen einem undogmatischen „Ausprobieren" mit bisweilen problematischen Folgen und einer deutlichen Einsicht, dass sich im LSD-Rausch am Ende nur eine Wahrheit offenbaren kann. So fordert Leary zwar: „Leser – schreib dein Eigenes [...] Gründe deine eigene Religion [...] Schreib deine eigene Bibel." Damit in diesen Heiligen Schriften nichts Falsches steht, stellt man gleichzeitig dem LSD-Konsumenten so oft und so gut es geht einen psychedelischen Guide zur Seite, der das Setting entsprechend montiert, um den richtigen Output zu garantieren. Mit ausführlichen und präzisen Anleitungen, was wann zu tun sei und vor allem was welcher Zustand bedeute, sollen die Spontaneität des Subjektiven, die Irrwege des Einzelnen weitgehend vermieden und die Dinge kanalisiert werden. Anders ist Learys Ziel nicht denkbar, mit dem LSD-Rausch als experimentelle Psychotechnik unter Anleitung eine „vollkommenere Einheit" zu schaffen,[89] genauso wenig wie die „All-Einheit" der Pranksters oder die kosmische Erleuchtung von Watts.

Damit dieses Projekt gelingt, muss das Setting justiert und der Trip gelenkt werden. Ein klares Top-Down-Prinzip sichert den Zugang zum richtigen und wahren Rausch und eliminiert zugleich jeden irritierenden Horizont. Das Steuerungsprinzip bedeutet also, dass das Erfahrungsprotokoll des Rauschs über den psychedelischen Guide schon vor dem Trip geschrieben wird – damit nichts Überraschendes passiert. „Der Führer, der mit der Wirkungsweise der Droge aus eigener Erfahrung vertraut sein muss, übernimmt praktisch die Aufgabe der Realitätskontrolle

---

[89] Leary (1982/1968, S. 349, im Original in Großbuchstaben).

und fungiert für den Menschen, der unter Einfluss der Droge steht, als Vertrau-
ter, Freund, Lehrer, Arzt, Zuhörer und Navigator."[90] Aus einer offenen, instabilen
„*Erfahrung* [...] im Sinne einer Reise, die [irgendeine] Grenze passiert",[91] wird
ein organisiertes Experiment, eine geführte Tour, deren Ziel unzweifelhaft und objektiv bestimmbar zu sein scheint.

Dabei vermengen sich Politik, Wissenschaft und Religion ebenso wie Atom,
Molekül und Information – am Ende entsteht eine groteske Programmatik, die an
kybernetische Perspektiven anschließt und in deren Fokus das *Rauschexperiment*
unter Anleitung steht.[92] Genauso wie der LSD-Rausch als Verlängerung und Inten-
sivierung wissenschaftlicher Erkenntnisse konzipiert wird, entstehen beinahe wissenschaftliche Versuchsanordnungen, um die Wahrheit psychedelisch abzusichern
und zu untermauern. Im Rausch eröffnet sich schließlich die in den biologischen
Elementen DNS und Gehirn abgelegte Programmierung, koppelt das Bewusstsein
mit diesen zurück und passt so den Menschen an die Zeit an. Was sich also ereignet,
ist die Offenbarung kybernetischer Universalität, das eingelöste Versprechen einer
anderen, von den menschlichen, logozentrischen und identitären Mustern befreiten
Welt – die Realisierung der Utopie.

Man kann sogar noch einen Schritt weitergehen und argumentieren, dass es
Menschenversuche nicht nur im Kontext von LSD-Experimenten des CIA gibt.
Wenn Grof seinem Patienten Erwin über 38 Wochen 1500 Mikrogramm LSD
verabreicht, um seinen individuellen oder subjektiven Widerstand gegen die therapeutische Intervention zu brechen, ist dies ein Exempel für eine solche Praxis.
Alpert manipuliert seinen Patienten vielleicht mehr als er ihn heilt, um ihn auf
den rechten Weg zu bringen, den die Biologie unmissverständlich weist. Der psychedelische Rausch ist offenbar ein Zustand, der grundlegend neue Einsichten
erahnen lässt und gleichzeitig Kontroll- und Normalisierungstechniken bereithält,
die auch die Akteure der Counterculture affizieren. Die psychedelische Aufbruchs-
euphorie ist, anders formuliert, von Anpassungs- und Normalisierungstendenzen
durchzogen. Alpert erklärt seinem Patienten gerade nicht, dass dessen sexuelle
Neigungen einem (mit LSD eventuell zu erweiternden) Reich der Freiheit angehören, dass er seine „homosexuelle Bibel" schreiben solle. Ganz im Gegenteil
indoktriniert oder konditioniert er ihn während der LSD-Sitzungen mit klassischen
Darstellungen schöner Frauen, um ihn wieder auf den vermeintlich natürlichen
Weg der Heterosexualität zu führen. „Psychedelisches Ausbrechen aus der nor-
mierten Kontrollgesellschaft", argumentiert Jakob Tanner, „,chemische' Heilung

---

[90] Steckel (1969, S. 65).
[91] Derrida (1998, S. 255).
[92] Vgl. auch Green (1998, S. 109).

von Geisteskranken, ‚Um-Erziehung' (re-education) von autoritären Charaktertypen sowie Steuerung und Re-Programmierung von Menschen in militärischer Absicht: All diesen Vorstellungen und Projekten liegen dieselben kognitiven Ermöglichungsbedingungen zugrunde."[93] Jeweils besteht das Ziel darin, mithilfe der „Wahrheitsdroge" LSD einen neuen Menschen zu erschaffen – einen anderen, angepassteren, gefügigeren, freieren, kreativeren. Die LSD-Welle, die in den 1960er Jahren über die USA rollt und mächtig Lärm verursacht, ist in sich bereits brüchig, vieldeutig und heterogen.

Die psychedelischen Revolutionäre und ihre Anhänger stehen fraglos in Opposition zu einem sozialen und politischen Mainstream. Nicht umsonst reagieren die staatlichen Behörden in den USA Mitte der 1960er Jahre höchst alarmiert und geben sich redlich Mühe, die Droge als Teufelszeug zu überführen und Gefahren drastisch auszustellen. Dafür werden alle Register gezogen. Und dennoch schillert oder schwankt der psychedelische Text zwischen substantieller Revolte und Anpassung. Die Fronten sind nicht so klar und eindeutig. Die psychedelische Adaption an die (elektronischen und atomaren) Gegebenheiten müsse zur Flucht aus der bürgerlichen Tristesse führen; und die Kündigung des engen, bürgerlichen Konsens mit LSD bewirke zwangsläufig eine Anpassung an die nach 1945 radikal veränderten Bedingungen und an die biologischen Tatsachen. Welche Folgen diese Diffusionen sozial und politisch zeitigen würden, das heißt welche neue Ordnung am Horizont der psychedelischen Hoffnungen aufscheint, bleibt unklar. Der Zusammenbruch jedenfalls wird auch damit zu tun haben.

---

[93] Tanner (2009, S. 347).

# Zusammenbruch: Das synchrone Ende von LSD und Kybernetik

5

*Oh, and there we were all in one place,*
*A generation lost in space*
*With no time left to start again.*
*Don McLean, American Pie (1971)*

Was sozialgeschichtlich und politisch die Entwicklungen einrahmt, steht auf einem anderen Blatt. Die revolutionäre Euphorie jedenfalls zerbricht in recht kurzer Zeit nicht zuletzt an einer seit dem Frühjahr 1966 losgetretenen Propagandamaschine gegen LSD, mit dem Argument, es führe bei den meisten Nutzern zu genetischen Folgeschäden oder zum Wahnsinn. Im Kontext der Verteufelung von LSD erscheinen einige fragwürdige Untersuchungen, Statistiken und Forschungsberichte über schwerwiegende Folgen, wobei vor allem medial vernachlässigt wird, dass psychotische Reaktionen infolge von LSD-Konsum fast ausschließlich bei Personen zu beobachten sind, die zuvor in psychiatrischer Behandlung waren.[1] Eine andere, öffentlich heftig geführte Debatte kreist um die Behauptung, LSD würde Chromosomenschäden verursachen und damit nicht nur das Individuum, sondern auch folgende Generationen schädigen.[2]

Offenbar ist der psychedelische Neuanfang, der die Figur des Subjekts und mit ihr viele bekannte, überlieferte Denkmuster fortreißen soll, eine Spur zu groß. Offensichtlich erleben doch nicht alle, die mit LSD, Meskalin oder Psilocybin in

---

[1] Vgl. dazu genauer u. a. Stevens (1988, S. 272ff.); Baumeister und Placidi (1983); Dyck (2005); Barron u. a. (1970). Zum Streit um die Statistiken vgl. u. a. Novak (1997).

[2] Vgl. zuerst bei Cohen u. a. (1967); auch bei Sankar u. a. (1969). Weil (1973) betont dagegen, dass in diesem und anderen Texten kein Nachweis für eine Schädigung durch LSD erbracht wurde und die Aufregung eine fatale mediale Inszenierung sei. Kritisch zur Sorge um Chromosomenschäden auch Fort und Metzner (1969); vgl. auch Pellerin (2001, S. 19f.). Eine kritische Rückschau zur Panik um „Bad Trips", die selten bis nie ohne Weiteres auf LSD und andere psychedelische Drogen zurückgeführt werden können, liefert Strassman (1984).

© Springer Fachmedien Wiesbaden 2015
R. Feustel, „Ein Anzug aus Strom", DOI 10.1007/978-3-658-09575-8_5

Berührung kommen, die gleiche Form von genetischer oder neuronaler Klarheit und werden sich unmissverständlich bewusst, dass ihr „kleines Ego" namens Subjektivität oder Individualität nur eine Randnotiz einer viel größeren Geschichte sei. Nicht einmal die beiden „Geheimgesellschaften", die Pranksters und Learys Gruppe, kommen überein. Die Spießer probieren die neue Droge gar nicht erst, und Staatsbehörden können reflexartig eine sachlich fragwürdige aber umso wirkmächtigere Sucht- und Abhängigkeitsdebatte aus dem Hut zaubern, die zu jenem Zeitpunkt bereits mehr als ein halbes Jahrhundert eingeübt wurde. Das Schema ist einfach: Drogen gefährden die Gesundheit akut (der Rausch) sowie chronisch (die Sucht) und gehören daher verboten. Die bereits einige Jahrzehnte alte Ideologisierung von Drogen verschärft sich nicht zufällig 1968 zum berühmten „war on drugs", der, soviel wird gegenwärtig deutlich, auch aufgrund einer straffen Simplifizierung von Drogen, Rausch und Sucht nicht zu gewinnen ist. Die Vehemenz und Härte der staatlichen Reaktionen in den 1960er Jahren zeigt zudem, welche Relevanz LSD und seine Erfahrungswelt hat. Wie ein angeschlagener Boxer taumelt der US-amerikanische Staat zum Höhepunkt der LSD-Welle durch die Arena, schlägt wild um sich und versucht, irgendwie die Kontrolle wiederherzustellen. Die psychedelische Bewegung allerdings ist recht schnell nicht mehr in der Lage, der Spießergesellschaft und ihrem Staat einen weiteren Schlag zu verpassen. Der Traum, den Kesey in einen Bus und Leary in unzählige Medienauftritte packt, um ihn in die Welt hinauszutragen, wird nur kurze Zeit später von einem jähen Erwachen abgelöst. Die Komplexität und politische Realität von Gesellschaft steht einer Vision entgegen, die darauf baut, alle Spannungen auf einen Schlag, mit einem „Blitz" der Erleuchtung beseitigen zu können. Doch weil die Folgen dieses LSD-Blitzes nicht sprachlich, also vernünftig und gewissermaßen geordnet, zu entziffern sind, zerbröckelt die psychedelische Front, wenn es denn je *eine* war. Die vielen im Detail unterschiedlichen Erwartungen an die andere Welt brechen durch und geraten in Konflikt miteinander. Plötzlich ist nichts mehr so klar und eindeutig.

Oder, anders gewendet, das Reale des Rauschs bleibt anscheinend doch dem Individuum und seinen Imaginationen vorbehalten und die Intersubjektivität ein kurzweiliges Phantasma, ein Irrtum. Daraus folgt, dass nicht alle, die mit LSD in Kontakt kommen, von diesem Moment an für die psychedelische Revolution kämpfen und der alten, bürgerlichen Arbeitsgesellschaft den Rücken kehren. Offenbar hat nicht jeder Erleuchtete die gleiche Klarheit der eigenen biologischen Tatsachen, empfindet die Anpassung oder Beschleunigung an den Rhythmus des Kosmos und ist willens, sein Ego ein für alle Mal zu den Akten zu legen. Es lässt sich schlicht nicht kontrollieren, was ein Hell's Angel, ein Beat, ein Hipster oder ein Hippie auf dem Trip erlebt. Einmal mehr zeigt sich, dass die erhoffte Erfahrung des Realen im Rausch aus Beständen schöpft, die dem Symbolischen und dem Imaginären angehören. Das Reale bleibt ein Platzhalter oder ein Name für eine Leerstelle. Sie zu füllen und endgültig die Distanz zwischen Mensch und Welt, zwischen Denken und Wirklichkeit und nicht zuletzt zwischen dem einen und dem anderen Menschen zu überbrücken, bleibt ein kurzweiliger Traum, der es nicht schafft (und nicht schaffen kann), von den situativen Momenten der Acid-Tests bis zur politischen Wirklichkeit zu überdauern. So traumhaft die Erfahrungen gewesen sein mögen, sie verbleiben jenseits des Diskurses.

Am Ende steht die Einsicht, dass die Sache verloren ist. In der Folge verändert sich in kurzer Zeit der Drogenmarkt, und psychedelische Bewusstseinserweiterungen verschwinden um 1970 bereits von den vorderen Plätzen. „Der große Markt sind heutzutage [um 1970/1971] Downers. Reds und H – Sekonal und Heroin – und ein Höllenzeug von schlechtem einheimischem Gras besprüht mit allem Möglichen von Arsen bis Pferde-Betäubungsmitteln", schreibt Thompson in seiner bittersüßen Abrechnung mit dem psychedelischen Jahrzehnt. „Was sich heute verkauft, ist Was-Dich-Kaputtmacht – alles, was Kurzschluß im Gehirn verursacht und die grauen Zellen möglichst lange außer Gefecht setzt."[3]

Bereits 1970, als Thompson seinen Reisebericht *Angst und Schrecken in Las Vegas* schreibt, ist die Euphorie verflogen. Thompson gibt der psychedelischen Bewegung das Grabgeleit und rechnet vor allem mit der Idee ab, Rausch und Politik zu verknüpfen. Der „Spaß" am Rausch bestehe vielmehr in einem destruktiven, zerstörerischen Moment, in einer, um es mit Freud zu formulieren, „Unlustvermeidung" als Folge eines tiefsitzenden Unbehagens in der Kultur. „Vergiß LSD, dachte ich. Sieh dir doch nur an, was es aus dem armen Hund gemacht hat."[4] Nur kurze Zeit nachdem an der Droge noch das Versprechen hing, dass mit und vor allem nach ihr ein anderer Mensch und zugleich eine andere Welt möglich sei, ist Ernüchterung eingekehrt. „Noch immer prellen sie [die Staatsorgane] den Steuerzahler um Tausende von Dollars, indem sie Filme machen über ‚Die Gefahr des LSD', zu einer Zeit, da Acid allgemein schon als der Studebaker auf dem Drogenmarkt gilt. Was allen bekannt ist, nur nicht den Bullen", fasst Thompson die Szenerie zusammen. „Die Popularität der psychedelischen Drogen ist so drastisch gesunken, daß die meisten großen Dealer Qualitäts-Acid oder Meskalin kaum noch anfassen, es sei denn für ein paar Spezialkunden: Hauptsächlich übersättigte Drogen-Dilettanten jenseits der Dreißig – wie ich und mein Anwalt."[5]

Um die Herrlichkeit des LSD (und der psychedelischen Drogen überhaupt) ist es geschehen; vom Bild der „Problem-Solving Psychedelics", der „problemlösen-

---

[3] Thompson (2005/1971, S. 251).
[4] Ebd., S. 82.
[5] Ebd., S. 251.

den Psychedelika", bleibt nur eine triste Ablenkung für Freaks, die den Absprung nicht geschafft haben. Die Gründe dafür sind sicherlich vielfältig. Einerseits lässt sich die Radikalität der Erfahrung nicht in Politik ummünzen, weil sie alle Strukturen fortreißt oder fortreißen soll. So gelingt es kaum, ein anderes Bild von Gesellschaft zu zeichnen. Andererseits ist die Bewegung von Anfang an von Rissen durchzogen. Kybernetik, Hinduismus, Zen, Tao, die Heilung von Schwulen und freie Liebe, Informationen, Gene, DNS und Kosmos, was auch immer. Kaum zwei Figuren oder Aushängeschilder jener Zeit ziehen wirklich am gleichen Strang und sind sich im Klaren, in welche Ordnung der Dinge sie verstrickt sind. „Man könnte", schreibt Thompson rekapitulierend, „auf einen steilen Hügel in Las Vegas klettern und nach Westen blicken." Das geschulte Auge würde schließlich „die Hochwassermarkierung fast *sehen* – die Stelle, wo sich die Welle schließlich brach und zurückrollte".[6]

Wahrscheinlich nicht ganz zufällig bricht die kybernetische Welle etwa im gleichen Zeitfenster und rollt zurück. Sie war zwar nie in so heftiges politisches Kreuzfeuer geraten wie die Hoffnungen um psychedelische Drogen. Ihr Veränderungsanspruch war jedoch schon seit den 1950er Jahren nicht nur inhaltlich ähnlich, sondern zudem auf einer vergleichbaren Umlaufbahn. Auch hier zeigte sich vermeintlich, dass das Subjekt obsolet, das Denken nicht mehr als ein Rechenprozess und die Philosophie bislang beständig auf einem Irrweg unterwegs gewesen sei. Auch hier war der Bruch mit allem Alten so groß dimensioniert wie irgend möglich. Anfang der 1950er Jahre schien es nur eine Frage von wenigen Jahren, bis die Rechenmaschinen tatsächlich anfangen würden, selbstständig zu denken und zu lernen. Nun, knapp 20 Jahre später, hatte die Hardware die Rechenleistung längst drauf, die damals als nötig für eigenständiges Denken errechnet wurde – und dennoch waren die Computer genauso dumm wie zuvor.

Die substantielle Lücke zwischen Rechenmaschine und Mensch, die kybernetisch überbrückt werden sollte, wie zuerst Wiener und dann mit ihm einige anderen hofften, riss also wieder auf. „Die Theorie über die kybernetische Erzeugung von Texten", verdeutlicht Hans Magnus Enzensberger 1967 das Problem, „werden von den praktischen Ereignissen auf diesem Gebiet blamiert wie ein stolzer Vater von seinem minderbemittelten Sohn. Der Sohn mag noch lernen, gewiß. Die Automaten lernen bekanntlich excellent, *nur offenbar nicht dichten*."[7] Dass damit noch nicht die Theorie selbst hinfällig sei, sieht er zwar ein, das „Sendungsbewußtsein der Praktiker" ist dennoch fragwürdig.

---

[6] Ebd., S. 85f.
[7] Enzensberger (1967, S. 190f., H. d. A.).

Die Kybernetik als popkultureller Erklärungszusammenhang verschwindet aus dem Fokus der Öffentlichkeit schließlich genauso sang- und klanglos wie die psychedelische Bewegung scheitert. Auf den Punkt bringt es der bereits zitierte Leadgitarrist der Band *Grateful Dead*, der unverhohlen die LSD-Erfahrung mit jener noch kommenden, die einen „elektrischen Stoff wie die Computerkybernetik" hervorrufen wird, zur Deckung bringt.[8] Beides genauso wie die Verbindung zwischen beiden gehört ab den 1970er Jahren (in den USA) schon zur Old School. Als Denkspur, als Modus zur Entzifferung der Welt, bleiben kybernetische Argumente freilich erhalten. Ihnen fehlt jedoch sowohl der wissenschaftliche Ritterschlag als auch die öffentliche Wahrnehmung. Wirkmächtig ist sie dennoch, wie die wissenschaftsgeschichtliche Forschung gegenwärtig verdeutlicht.[9] Was als wissenschaftliches Fach in den 1970er Jahren nur noch am Rand von Interesse ist, hinterlässt also dennoch tiefe Spuren. Das Denken in Systemen, Feedbacks und allgegenwärtigen Informationen durchwandert den Zeitgeist.

---

[8] Zitiert in Taylor (1997, S. 282). Vgl. dazu auch Dammbeck (2005). Dammbeck zeichnet die Verbindungslinien zwischen technikaffiner bzw. kybernetischer Elite und hippiesker Gegenkultur nach. Brand (1995) und Markoff (2005) argumentieren darüber hinaus, dass sowohl die personal computer als auch das Internet als Instanz ohne Hierarchie dem Geist der Counterculture entsprungen seien.

[9] Vgl. vor allem Hagner und Hörl (2008).

# Was bleibt

**6**

Keseys „Anzug aus Strom", seine zweite Haut aus Elektrizität, bringt die Sache auf den Punkt. Dank LSD löst sich die Grenze des Subjekts, so die weit verbreitete Annahme, tatsächlich und in Wirklichkeit auf und lässt eine Erfahrung zu, die aus dem alten, verbohrten Menschen den neuen Informationsknoten macht, von dem Leary träumt und dem er viel später den Namen Homo sapiens cyberneticus geben wird. Informationsströme fließen und zersetzen den alten Körper: Die Geburt eines neuen Menschen.

Im Maschinenraum der psychedelischen Revolution treibt also ein regelungstechnisches Denken die Bewegung an, das – mit Blick auf Mensch, Welt und Sein – einen radikalen Bruch mit der Gesellschaft imaginiert und zugleich eine Anpassung des Menschen vor Augen hat. An der Oberfläche dominieren Farben, freie Liebe, Natur und Gemeinschaft. Darunter jedoch wirkt ein Diskurs, der die Begriffe (Natur, Liebe, Subjekt oder Gemeinschaft), von einem kybernetischen Sehen getragen, so stark verändert oder umdeutet, dass Ausbruch (oder Umbruch) und Anpassung wechselseitig aufeinander verweisen, vielleicht sogar Hand in Hand gehen können.

Turner hat, wie erwähnt, bereits im Detail auf die Nähe von Cyberculture und Counterculture hingewiesen. Er stellt Brand und dessen *Whole Earth Catalog* ins Zentrum und argumentiert, dass die neuen Vernetzungskulturen und Gemeinschaftsformen einer Mischung aus Beat, Flower Power und Kybernetik entsprangen. Sein historischer Durchlauf beginnt Ende der 1950er Jahre. Zu diesem Zeitpunkt sind die Gleise allerdings schon ausgelegt. Der bei den Macy-Konferenzen entworfene kybernetische Blick entziffert die Welt mithilfe von Information, Feedback und System umfänglich und völlig neu; die Beats machen sich auf eine lange, zunächst planlose Reise auf der Suche nach einem neuen Leben, nach neuer Empfindsamkeit und einer anderen Literatur. Sie werden schließlich zum medialen Ereignis und damit zum Brutkasten einer neuen Bewegung. Und LSD schließlich findet seinen Weg vom Schweizer Labor über

© Springer Fachmedien Wiesbaden 2015
R. Feustel, „*Ein Anzug aus Strom*", DOI 10.1007/978-3-658-09575-8_6

die Psychiatrien und psychotherapeutischen Praxen in die Popkultur. Es wird zum Sakrament, zum Stoff, aus dem die Träume eines anderen Selbstverhältnisses und einer anderen Gesellschaft sind. Irgendwann berühren sich die drei Diskurse und liefern die Bühne, auf der die psychedelische Revolution spielt, wenngleich sie recht schnell wieder zusammenbricht.

Jeweils spielen technische Phantasien eine zentrale Rolle, sie liefern vielleicht nicht das Bühnenbild, bestimmen aber die Tonlage und die Dramaturgie. Die neuen Maschinen seit Alan Turings Meilenstein[1] taugen zu mehr als nur dazu, rechnen und ein paar Prozesse vereinfachen zu können. Sie liefern den materiellen Ausdruck, das Schnittmuster eines kybernetischen Denkens, das mit dem Menschen, wie man ihn bis dahin kannte, in vollem Umfang aufräumen will. Nichts, so Hoffnung und These, wäre mehr wie vorher. Kybernetisch oder mit LSD erkenne man statt der alten, schnöden Realität die darunter liegende Wahrheit der Informationen, ihre Zirkulation und Vernetzung.

Der LSD-Erfahrung wird die Rolle oder Aufgabe zugeschoben, alle Spannungen und Unklarheiten des Menschlichen, die Differenz zwischen Individuen und Welt, zwischen Subjektivem und Objektivem zu überbrücken und zu einer glückseligen Selbstgewissheit und Einheit mit sich beizutragen. Es ist nicht das erste Mal, dass Rauscherfahrungen den modernen Menschen aus dem Irrgarten von Kultur und Subjekt herausführen sollten oder dass Rauscherlebnisse die Wahrheit unvermittelt und ultimativ zugänglich machten. Thomas De Quincey sprach davon, Charles Baudelaire hatte den Topos der künstlichen Paradiese ins Spiel gebracht und Ludwig Klages im Rausch die Wiedergeburt des Lebens ohne den Irrtum des Logos, ohne die triviale und mechanistische menschliche Vernunft ersehnt.[2] In den 1960er Jahren durchströmt der gleiche Anspruch die psychedelische Kultur. Die konkrete Umsetzung jedoch ist technisch untersetzt. Das neue kybernetische Sehen ermöglicht es auch, keine historischen Vergleiche zu Rate ziehen zu müssen, weil mit Information und Feedback ohnehin alles anders ist. Die LSD-Erfahrung führe gerade nicht auf den gleichen Holzweg wie ältere Rauschphantasien, weil die Welt nach der kybernetischen Erleuchtung eine andere ist, aus einer anderen Substanz besteht. Nur das Denken müsse noch adaptiert und auf den Stand der Dinge gebracht werden.

Dass diese große Idee letztlich scheitert, ist – historisch beschaut – wenig überraschend. Wann immer die Dinge mit einem Mal, mit einer Droge oder einer kurzen Erfahrung auf den richtigen Weg gebracht werden sollten, folgte ein nüch-

---

[1] Der Mathematiker Turing hatte 1936 erstmals eine Rechenmaschine auf Grundlage von Lochkarten entworfen und gebaut. Sie liefert das Grundmodell für Computer aller Art.
[2] Vgl. Feustel (2013).

ternes Erwachen. Dafür gibt es mehrere Gründe. Einerseits bleibt Gesellschaft, bleibt das Soziale sprachlich vermittelt und damit von einer je subjektiven Erfahrung, über die kaum bis gar nichts vernünftig zu sagen ist, substantiell getrennt. Die Lösung mit einem „Blitz" verbleibt also im Imaginären. Sie ist eine phantastische Erzählung, die gleichsam zwingend am Wirklichen scheitert. Dass Rausch und Vernunft schwerlich sauber zu trennen sind und dekonstruktiv bearbeitet bzw. verschoben werden müssten, heißt noch nicht, dass jeder Unterschied eingeebnet werden kann. Eine LSD-Erfahrung mag Spuren hinterlassen, auf Dauer stellen lässt sie sich nicht. Und das Politische bleibt ein zähes Geschäft.

Andererseits stellt sich die Frage, ob die All-Einheit, die umweglose Intersubjektivität und die Auflösung des Subjekts im Kosmos der Informationen, die Leary, Kesey und andere auf dem Zettel haben, sonderlich erstrebenswert wäre. Auch wenn das Ende immer offen bleibt, scheint es doch wahrscheinlich, dass jede berauschte Einsicht nur ein Phantasma gegen das andere eintauscht, eine Wahrheit oder Ideologie gegen die andere. Auch ein Rauschdiskurs bleibt Diskurs. Die restlose Überschreitung der historischen Figur des Subjekts jedenfalls läuft permanent Gefahr, zur diktatorischen Gleichschaltung zu mutieren. Dies zeigt sich nicht zuletzt an der unmittelbaren Nähe zwischen Ausbruch und Anpassung, zwischen berauschtem Freiheitsdrang und Adaption an eine vermeintlich unmissverständliche Wahrheit.

Learys Homo sapiens cyberneticus jedenfalls ist eine zwiespältige Figur, und Keseys Anzug aus Strom schließt das Individuum eher an eine Kontrollmaschine, anstatt es zu befreien. Gegenwärtig ist der Traum des Informationsknotens namens Mensch bestenfalls im Rahmen optimierter Marktforschung und präventiver Maßnahmen Realität. Big Data, die Generierung und Verarbeitung großer Datenmengen sowie die Vorausberechnung individuellen Handelns, funktioniert erstaunlich gut. Ihr fehlt allerdings jeder revolutionäre Freiheitsdrang. Prävention und ein gläserner Mensch sind sicherlich nicht im Sinne der Counterculture. Und dennoch beginnt dort der Zauber, der kaum noch unter Kontrolle zu halten ist. Digitale Welten schließlich tragen die Phantasien eines von Grund auf anderen Menschen offenbar auch nicht. Leary wirkt am Ende seiner Tage eher, als sei er hängengeblieben und habe die Wirklichkeit des Digitalen verpasst. Die visionäre Kraft von LSD hatte der Gesellschaft den erhofften Schub nicht geben können. Digitalisierung und Cyberspace können es wohl auch nicht. Sie unterbinden die von Leary heftig kritisierten Spielchen des Egos genauso wenig wie sie die Dominanz von Konsum, Ware und Arbeit brechen können. Gegenwärtig zeigt sich viel deutlicher, dass gerade die neuen Techniken die Rahmenbedingungen für Überwachung und Prävention perfektionieren, statt den Menschen von der lästigen Ideologie des Subjekts zu befreien.

Auch wenn Big Data ein eher düsteres Szenario erahnen lässt, ist das psyche-delisch-kybernetische Kulturgut der 1960er Jahre immer noch anwesend; auf den Punkt vorgeführt in Luc Bessons Film *Lucy* aus dem Jahr 2014. Scarlett Johansson alias Lucy gerät zufällig in die Fänge eines Drogenrings und wird als Kurier für den noch völlig unbekannten Stoff CPH4 missbraucht. Sie soll mit einem Kilo-gramm der hoch dosierten Droge unter ihrer Bauchdecke nach Europa fliegen, um sich dort den Beutel wieder abnehmen zu lassen. Als sie unterwegs zusammenge-schlagen und in den Bauch getreten wird, platzt das Päckchen und das Präparat entfaltet seine bis dahin noch unbekannte Wirkung. Ab diesem Moment entrollt sich ein ungeahntes neuronales Theater. Der Film geht von der als Wahrheit ver-kauften Hypothese aus, dass Menschen nur 10 % ihrer Gehirnkapazität nutzen; und Lucy erobert schrittweise die anderen 90 %. Ihr werden alle Gedächtnisinhalte be-wusst, sie kontrolliert ihre Körperfunktionen, etwas später magnetische Wellen, also Radios, Bildschirme oder Telefonverbindungen. Am Ende überschreitet sie kraft ihrer neuronalen Kapazitäten sogar die Erdanziehung und übersetzt fließend Informationen in Materie und umgekehrt. Sie wird zu Keseys Superhelden, verlässt schließlich die viel zu enge Hülle des Körpers und geht in einem Supercomputer auf. Im letzten Stadium kontrolliert dieses neue Wesen alle Informationen und be-herrscht Raum und Zeit nach Belieben.

Der Film trägt alle Zutaten für eine psychedelisch-kybernetische Überschrei-tung des Menschen zusammen, wie sie in den 1960er Jahren diskutiert wurde – ergänzt um die digitalen Bildwelten des frühen 21. Jahrhunderts. Alles ist aus In-formationen gemacht; die Mikrowelt im Gehirn ist nicht von der Makrowelt des Kosmos zu unterscheiden; denken ist nichts anderes als ein Rechenprozess, der, wenn er nur gut genug ist und über ausreichend Zugriff auf Speicher verfügt, al-le bislang für gültig erachteten Gesetze außer Kraft setzt und den Menschen zum Superhelden werden lässt.

Bessons zweiter Versuch nach *Ohne Limit* von 2012, Designerdrogen und ihre möglichen Effekte filmisch zu antizipieren, endet schließlich ungewollt komisch. Die zum Supercomputer mutierte Lucy übergibt den staunend umherstehenden Wissenschaftlern einen USB-Stick, um ihrer evolutionären Verpflichtung genüge zu tun und ihre Informationen weiterzugeben. Anschließend verabschiedet sie sich in den Orbit der Informationen und wird gewissermaßen gottgleich, freilich oh-ne transzendenten Boden unter den Füßen. Diese bizarre Szene provoziert nicht nur ein amüsiertes Schmunzeln. Sie beantwortet zugleich eine vielleicht philoso-phisch zu nennende Frage: Was genau die Wissenschaftler um Morgen Freemann als altem Neurophilosophen auf dem Stick finden und welchen Effekt dieses Wis-sen haben könnte, verschwindet im Black Screen, gefolgt vom Abspann. Genau in dem Moment, wenn die Angelegenheit spannend wird, wenn eine Antwort auf große Fragen zum Menschen und seinem Sein nur noch einen Handgriff entfernt liegen, bricht die Erzählung ab. Die Wahrheit der menschlichen Existenz, die schon einige Psychonauten entdeckt zu haben glaubten, oder das Reale, wie es Lacan nennt, lässt sich offenbar nicht darstellen, und der ganze philosophische Zauber des Films bricht in sich zusammen. Wahrscheinlich ist der Datenträger leer.

# Literatur

Alpert, Richard: *LSD and Sexuality. Review of a Case of Homosexuality Treated Therapeutically with LSD and Description of a Male–Female Psychedelic Session Program*, in: Psychedelic Review 10 (1969), S. 21–25.

Alpert, Richard und Timothy Leary: *Vorwort*, in: Watts, Alan: Kosmologie der Freude, Darmstadt, 1972/1962, S. 5–13.

Alpert, Richard, Timothy Leary und Ralph Metzner: *Psychedelische Erfahrungen. Ein Handbuch nach Weisungen des Tibetanischen Totenbuches*, Markt Erlbach, 1993/1964.

Amendt, Günter: *Die Legende vom LSD*, Frankfurt/Main, 2008.

Austin, Joe: *Rom steht in Flammen (psychedelisch): Gesellschaftliche und historische Hintergründe der psychedelischen Bewegung*, in: Christoph Grunenberg (Hrsg.) Summer of Love. Psychedelische Kunst der 60er Jahre, Ostfildern-Ruit, 2005, S. 189–197.

Barron, Stanley P., Paul Lowinger und Eugene Ebner: *A clinical examination of chronic LSD use in the community*, in: Comprehensive Psychiatry 11.1 (1970), S. 69–79.

Bateson, Gregory: *Ökologie des Geistes*, Frankfurt/Main, 1985.

Baumeister, Roy F. und Kathleen S. Placidi: *A Social History and Analysis of the LSD Controversy*, in: Journal of Humanistic Psychology 23 (1983), S. 25–58.

Beringer, Kurt: *Der Meskalinrausch. Seine Geschichte und Erscheinungsweise*, Berlin, 1927.

Boire, Richard Glen: *Mimetics Hostilis: An Assemblage of Law, Psychiatry, and Chemical Artifice*, in: Configurations 16.2 (2008), S. 145–165.

Boltanski, Luc und Ève Chiapello: *Der neue Geist des Kapitalismus*, Konstanz, 2006.

Brand, Stewart: *We Owe It All to the Hippies*, in: Time, special issue spring (1995).

— (Hrsg.): *Whole Earth Catalog. access to tools*, o. O., 1968.

Bröckling, Ulrich: *Und ... wie war ich? Über Feedback*, in: Mittelweg 36.2 (2006), S. 27–44.

Burroughs, William S.: *Junkie. Bekenntnisse eines unbekehrten Rauschgiftsüchtigen*, München, 1999.

— *Junky. Confessions of an unredeemed drug addict*, New York, 1953.

— *Naked Lunch*, Frankfurt/Main, Berlin, 1995/1959.

— *Nova Express*, Reinbek bei Hamburg, 2000/1964.

— *The Letters of William S. Burroughs, 1945–1959*, hrsg. v. Oliver Herris, New York, 1993.

Caen, Herb: *Pocketful of notes*, in: San Francisco Chronicle 2. April 1958.

Camus, Albert: *Der Mythos von Sisyphos*, Reinbek bei Hamburg, 2000.

© Springer Fachmedien Wiesbaden 2015
R. Feustel, „*Ein Anzug aus Strom*", DOI 10.1007/978-3-658-09575-8

Chandler, Arthur L. und Mortimer A. Hartman: *Lysergic Acid Diethylamide (LSD-25) as a Facilitating Agent in Psychotherapy*, in: Archives of General Psychiatry 2.3 (1960), S. 286–299.

Cohen, Maimon, Kurt Hirschhorn und William Frosch: *In Vivo and In Vitro Chromosomal Damage Induced by LSD-25*, in: New England Journal of Medicine 277.20 (1967), S. 1043–1049.

Cremonini, Andreas: *Die Antwort des Realen? Überlegungen zu Lacan im Anschluss an die Bruchlinien*, in: Kathrin Busch, Iris Därmann und Antje Kapust (Hrsg.) Philosophie der Responsivität. Festschrift für Bernhard Waldenfels, München, 2007, S. 155–166.

Crocket, Richard (Hrsg.): *Hallucinogenic drugs and their psychotherapeutic use. The proceedings of the quarterly meeting of the Royal Medico-Psychological Association in London, Febr. 1961*, London, 1963.

Dammbeck, Lutz: *Das Netz – die Konstruktion des Unabombers*, Hamburg, 2005.

Dany, Hans-Christian: *Morgen werde ich Idiot. Kybernetik und Kontrollgesellschaft*, Hamburg, 2013.

Deleuze, Gilles und Guattari, Felix: *Antiödipus. Kapitalismus und Schizophrenie I*, Frankfurt/Main, 1988.

Derrida, Jacques: *Die Rhetorik der Droge*, in: ders.: Auslassungspunkte. Gespräche, hrsg. v. Peter Engelmann, Wien, 1998, S. 241–266.

— *Grammatologie*, Frankfurt/Main, 1990.

Diederichsen, Diedrich: *Entschleiern: Die Kultur des Psychedelischen*, in: Christoph Grunenberg (Hrsg.) Summer of Love. Psychedelische Kunst der 60er Jahre, Ostfildern-Ruit, 2005, S. 85–91.

Ditman, Keith S. und John R. B. Whittlesey: *Comparison of the LSD-25 Experience and Delirium Tremens*, in: Archives of General Psychiatry 1.1 (1959), S. 47–57.

Doblin, Rick: *Pahnke's "Good Friday Experiment": A Long-Term Follow-Up and Methodological Critique*, in: The Journal of Transpersonal Psychology 23.1 (1991).

Domino, Edward F.: *Biochemical and Physiological Changes Associated with Schizophrenia*, in: Johnathan O. Cole und Ralph W. Gerard (Hrsg.) Psychopharmacology. Problems in Evaluation, Washington, 1959, S. 555–578.

Downing, David L.: *Exterminate All Rational Thought: David Cronenberg's Filmic Vision of William S. Burroughs' Naked Lunch*, in: Psychoanalytic Review 85.5 (1998), S. 775–792.

Dyck, Erika: *Flashback: Psychiatric Experimentation With LSD in Historical Perspective*, in: Canadian Journal of Psychiatry 50.7 (2005), S. 381–388.

Enzensberger, Hans Magnus: *Anmerkungen der Redaktion*, in: Kursbuch 8 (1967), S. 189–191.

Esquirol, Jean Etienne Dominique: *Beobachtungen über Sinnes-Vorspiegelungen (Hallucinations)*, in: Zeitschrift für psychische Ärzte 2 (1821), S. 188–205.

Fadiman, James u. a.: *Psychedelic research revisited*, in: Journal of Transpersonal Psychology 2 (2003), S. 111–125.

Feustel, Robert: *„A Measure of Disorder" – Entropie als Metapher für das Andere der Ordnung*, in: Behemoth – A Journal on Civilisation 7.1 (2014), S. 118–139.

— *Grenzgänge. Kulturen des Rauschs seit der Renaissance*, München, 2013.

Fiedler, Leslie A.: *Die neuen Mutanten*, in: Rolf Dieter Brinkmann und Ralf-Rainer Rygulla (Hrsg.): ACID. Neue amerikanische Szene, Hamburg, 1983, S. 16–33.

Flaubert, Gustave: *Brief an Charles Baudelaire*, in: Ulf Müller und Michael Zöller (Hrsg.) Der Haschsich-Club. Ein literarischer Drogentrip, o. O., 2002, S. 58–60.

Foerster, Heinz von: *KybernEthik*, Berlin, 1993.

— *Zirkularität. Die Anfänge einer Epistemologie der Verantwortung*, in: Claus Pias (Hrsg.) Cybernetics – Kybernetik. The Macy-Conferences 1946–1953 I. Transactions/Protokolle, Zürich, Berlin, 2003, S. 19–26.

Fort, Joel und Ralph Metzner: *LSD, Chromosomes and Sensationalism*, in: Psychedelic Review 10 (1969), S. 47–51.

Foucault, Michel: *Die Ordnung der Dinge. Eine Archäologie der Humanwissenschaften*, Frankfurt/Main, 1974.

Frank, Helmar (Hrsg.): *Kybernetik – Brücke zwischen den Wissenschaften*, Frankfurt/Main, 1964.

Ginsberg, Allen und Jennie Skerl: *Ginsberg on Burroughs: An Interview*, in: Modern Language Studies 16.3 (1986), S. 271–278.

Green, Jonathan: *All Dressed Up. The Sixties and the Counterculture*, London, 1998.

Greenfield, Robert: *Timothy Leary. A Biography*, Orlando, 2006.

Grof, Stanislav: *Topographie des Unbewußten. LSD im Dienst der tiefenpsychologischen Forschung*, Stuttgart, 1985/1975.

Hagner, Michael: *Vom Aufstieg und Fall der Kybernetik als Universalwissenschaft*, in: Michael Hagner und Erich Hörl (Hrsg.) Die Transformation des Humanen. Beiträge zur Kulturgeschichte der Kybernetik, Frankfurt/Main, 2008, S. 38–72.

Hagner, Michael und Hörl, Erich (Hrsg.): *Die Transformation des Humanen. Beiträge zur Kulturgeschichte der Kybernetik*, Frankfurt/Main, 2008.

Hermle, L., G. Oepen und M. Spitzer: *Zur Bedeutung der Modellpsychosen*, in: Fortschritte der Neurologie, Psychiatrie 56 (1988), S. 48–58.

Higgs, John: *I Have America Surrounded. The Life of Timothy Leary*, London, 2006.

Hofmann, Albert: *LSD mein Sorgenkind*, München, 1993.

Hollister, Leo E.: *Chemical Psychosis: LSD and related drugs*, Springfield, 1968.

Holmes, John Cellon: *This Is The Beat Generation*, in: The New York Times Magazine 16. November 1952.

Hörl, Erich: *Das kybernetische bild des denkens*, in: Michael Hagner und Erich Hörl (Hrsg.) Die Transformation des Humanen. Beiträge zur Kulturgeschichte der Kybernetik, Frankfurt/Main, 2008, S. 163–196.

Hörl, Erich und Michael Hagner: *Überlegungen zur kybernetischen Transformation des Humanen*, in: dies. (Hrsg.) Die Transformation des Humanen. Beiträge zur Kulturgeschichte der Kybernetik, Frankfurt/Main, 2008, S. 7–37.

Huxley, Aldous: *Die Pforten der Wahrnehmung und Himmel und Hölle. Erfahrungen mit Drogen*, München, 2010/1954.

— *Mescaline and the "Other World"*, in: ders.: Moksha. Writings on Psychedelics and the Visionary Experience, hrsg. v. Michael Horowitz, Harmondsworth, 1983/1954b, S. 87–92.

— *The Far Continents of the Mind*, in: ders.: Moksha. Writings on Psychedelics and the Visionary Experience, hrsg. v. Michael Horowitz, Harmondsworth, 1983/1954a, S. 84–86.

Jeahne, Karen und David Cronenberg: *David Cronenberg on William Burroughs: Dead Ringers do „Naked Lunch"*, in: Film Quarterly 45.3 (1992), S. 2–6.

Kerouac, Jack: *Beat Generation. An Original Play*, New York, 2005/1957.

— *Unterwegs*, Reinbek bei Hamburg, 1998.

Kesey, Ken: *Einer flog über das Kuckucksnest*, Reinbek bei Hamburg, 1982/1962.

Koch, Egmont R. und Michael Wech: *Deckname Artischocke. Die geheimen Menschenversuche der CIA*, München, 2004.

Kohtes, Michael und Kai Ritzmann: *Der Rausch in Worten. Zur Welt- und Drogenerfahrung der Surrealisten und Beatniks. Ein Essay*, Marburg, 1987.

Kretschmer, Ulrike: *Der Mensch – Affe oder gottähnliches Wesen? Philosophisch-anthropologische Vorstellungen im Werk Aldous Huxleys*, Münster, 1998.

Kreuzer, Helmut (Hrsg.): *Die zwei Kulturen. Literarische und naturwissenschaftliche Intelligenz. C. P. Snows Thesen in der Diskussion*, München, 1987.

Krieger, Hans: *Chemische Mystik. Kann das Abendland am Rauschgift genesen*, in: Die Zeit 10. März 1967.

Leary, Timothy: *NeuroLogic*, Löhrbach, o. J./1973.

— *Politik der Ekstase*, Linden, 1982/1968.

— *The Politics of Self-Determination*, Berkeley, 2000.

Lilly, John C.: *Das Zentrum des Zyklons. Eine Reise in die inneren Räume – Neue Wege der Bewußtseinserweiterung*, Frankfurt/Main, 1986/1972.

— *Human Biocomputer. Programming and Metaprogramming*, New York, 1967.

Lohberg, Rolf und Theo Lutz: *Keiner weiß was Kybernetik ist. Eine verständliche Einführung in eine moderne Wissenschaft*, Stuttgart, 1970.

Long, John: *Drugs and the "Beats": The Role of Drugs in the Lives and Writings of Kerouac, Burroughs and Ginsberg*, Virtualbookworm.com Pub, 2005.

Mailer, Norman: *The White Negro: Superficial Reflections on the Hipster*, in: Dissent Magazin 2007/1957.

Malitz, Sidney, Bernard Wilkens und Herold Esecover: *A comparison of drug-induced hallucinations with those seen in spontaneously occuring psychoses*, in: Louis Jolyon West (Hrsg.) Hallucinations, New York, 1962, S. 50–61.

Mansnerus, Laura: *Timothy Leary, Pied Piper of Psychedelic 60's, Dies at 75*, in: New York Times 1. Juni 1996.

Marchart, Oliver: *Cultural Studies*, Konstanz, 2008.

Markoff, John: *What the dormouse said. How the sixties counterculture shaped the personal computer industry*, New York, 2005.

Mechaneck, Ruth u. a.: *Experimental Investigation of LSD as a Psychotherapeutic Adjunct*, in: Comprehensive Psychiatry 9.5 (1968), S. 490–498.

Metzner, Ralph: *Opening to Inner Light: The Transformation of Human Nature and Consciousness*, Los Angeles, 1986.

Mileahed, John: *Hippiephilosophie: Philosophie und Lebensweise der Hippies, Blumenkinder, Liebesgeneration oder psychedelischen Revolution*, Mileahed (Kindle-Edition), 2014.

Moreau de Tours, Jacques-Joseph: *Hashish and Mental Illness*, New York, 1973/1845.

Morgen, Ted: *Literary Outlaw: The Life and Times of William S. Burroughs*, New York, 1988.

Moser, Jeannie: *Psychotropes Wissen. Figuren und Narrative im drogistischen Selbst-Experiment*, Diss., Universität Wien, 2010.

Novak, Steven J.: *LSD before Leary. Sidney Cohen's Critique of 1950s Psychedelic Drug Research*, in: Isis 88.1 (1997), S. 87–110.

Osmond, Humphry: *A Review of the Clinical Effects of Psychotomimetic Agents*, in: Annals of the New York Academy of Science 66.3 (1957), S. 418–434.

— *Psychopharmacology: The Manipulation of the Mind*, in: David Solomon (Hrsg.) LSD: The Consciousness-Expending Drug, New York, 1966, S. 31–37.

— *Research on Schizophrenia*, in: H. A. Abramson und Josiha Macy Jr. Foundation (Hrsg.) Neuropharmacology. Transactions of the 2nd Conference, May 25–27, 1955, Princeton, 1956, S. 183–233.

Pahnke, Walter L.: *Drugs and Mysticism. An Analysis of the Relationship between Psychedelic Drugs and the Mystical Consciousness*, Diss., University of Harvard, 1963.

— *LSD and Religious Experience*, Middletown, Connecticut, 1967.

Pellerin, Cheryl: *Trips. Wie Halluzinogene wirken*, Aarau, 2001.

Perry, Paul: *On the Bus. The Complete Guide to the Legendary Trip of Ken Kesey and the Merry Pranksters and the Birth of Counterculture*, New York, 1990.

Pias, Claus: *Zeit der Kybernetik – eine Einstimmung*, in: ders. (Hrsg.) Cybernetics – Kybernetik. The Macy-Conferences 1946–1953 I. Transactions/Protokolle, Zürich, Berlin, 2003, S. 9–42.

Pickering, Andrew: *Kybernetik und Neue Ontologien*, Berlin, 2007.

— *The Cybernetic Brain. Sketches of Another Future*, Chicago, 2010.

Podhoretz, Norman: *The Know-Nothing Bohemians*, in: Partisan Review XXV.2 (1958), S. 305–311.

Rapp, Hans Reinhard: *Mensch, Gott und Zahl. Kybernetik im Horizont der Theologie*, Hamburg, 1982.

Rieger, Stefan: *Kybernetische Anthropologie. Eine Geschichte der Virtualität*, Frankfurt/ Main, 2003.

Rinkel, Max, Deshon u. a.: *Experimental Schizophrenia-Like Symptoms*, in: American Journal of Psychiatry 108.8 (1952), S. 572–578.

Ropp, Robert de: *Bewußtsein und Rausch. Drogen und ihre Wirkungen*, München, 1964/ 1957.

Rosenbaum, Gerald u. a.: *Comparison of Sernyl with Other Drugs: Simulation of Schizophrenic Performance with Sernyl, LSD-25, and Amobarbital (Amytal) Sodium; I. Attention, Motor Function, and Proprioception*, in: Archives of General Psychiatry 1.6 (1959), S. 651–656.

Sankar, D. V. Siva, Paul W. Rozsa und A. Geisler: *Chromosome Breakage in Children Treated with LSD-25 and UML-491*, in: Comprehensive Psychiatry 10.5 (1969), S. 406–410.

Sarasin, Philipp: *Geschichtswissenschaft und Diskursanalyse*, Frankfurt/Main, 2003, S. 10–60.

Snow, C. P.: *Die zwei Kulturen. Rede–Lecture*, in: Helmut Kreuzer (Hrsg.): Die zwei Kulturen. Literarische und naturwissenschaftliche Intelligenz. C. P. Snows Thesen in der Diskussion, München, 1987, S. 19–58.

Spengler, Oswald: *Der Untergang des Abendlandes: Umrisse einer Morphologie der Weltgeschichte*, München, 1991/1918.

Stafford, Peter: *Psychedelics Encyclopedia*, Berkeley, 1992.

Steckel, Ronald: *Bewußtseinserweiternde Drogen. Eine Aufforderung zur Diskussion*, Löhrbach, 1969.

Sterritt, David: *Mad to Be Saved. The Beats, the '50s, and Film*, Carbondale, 1998.

Stevens, Jay: *Storming Heaven. LSD and the American Dream*, New York, 1988.

Strassman, Rick J.: *Adverse Reactions to Psychedelic Drugs. A Review of the Literature*, in: Journal of Nervous & Mental Disease 172.10 (1984), S. 577–595.

Szasz, Thomas: *Das Ritual der Drogen*, Wien, 1974.

— *Der Krieg gegen Drogen*, in: Gisela Völger und Karin von Welck (Hrsg.) Rausch und Realität. Drogen im Kulturvergleich, Bd. 3, Reinbek bei Hamburg, 1982, S. 1335–1347.

— *Psychiatrie, die verschleierte Macht*, Frankfurt/Main, 1978/1970.

Tanner, Jakob: *„Doors of perception" versus „Mind control". Experimente mit Drogen zwischen Kaltem Krieg und 1968*, in: Birgit Griesecke (Hrsg.) Kulturgeschichte des Menschenversuchs im 20. Jahrhundert, Frankfurt/Main, 2009, S. 340–372.

Taylor, Mark C.: *Hiding*, Chicago, London, 1997.

Thompson, Hunter S.: *Angst und Schrecken in Las Vegas*, München, 2005/1971.

Time Magazine: *Youth: Mother Is Bugged at Me*, in: Time Magazine 7. Juli 1952.

— *Youth: The Hippies*, in: Time Magazine 7. Juli 1967.

Tiqqun: *Kybernetik und Revolte*, Berlin, Zürich, 2007.

Turner, Fred: *From Counterculture to Cyberculture. Stewart Brand, the Whole Earth Network, and the Rise of Digital Utopianism*, London, 2006.

Tytell, John: *Propheten der Apokalypse. William Burroughs. Jack Kerouac. Allen Ginsberg*, Wien, 1984.

Wapner, Seymour und Donald M. Krus: *Behavioral Effects of Lysergic Acid Diethylamide (LSD-25) Space Localization in Normal Adults as Measured by the Apparent Horizon*, in: Archives of General Psychiatry 1.4 (1959), S. 417–419.

Watson, Steven: *Die Beat Generation. Visionäre, Rebellen und Hipsters, 1944–1960*, New York, 1997.

Watts, Alan: *Kosmologie der Freude*, Darmstadt, 1972/1962.

Weil, Andrew: *The Natural Mind*, Jonathan Cap, 1973.

White, Hayden: *Der historische Text als literarisches Kunstwerk*, in: Christoph Conrad und Martina Kessel (Hrsg.) Geschichte schreiben in der Postmoderne, Stuttgart, 1994, S. 123–157.

Wiener, Norbert: *Cybernetics, or control and communication in the animal and the machine*, Wiley, 1948.

— *Mensch und Menschmaschine*, Frankfurt/Main, 1958.

Wolfe, Tom: *The Electric Kool-Aid Acid Test. Die legendäre Reise von Ken Kesey und den Merry Pranksters*, München, 2009/1968.

If you have any concerns about our products,
you can contact us on
**ProductSafety@springernature.com**

In case Publisher is established outside the EU,
the EU authorized representative is:
**Springer Nature Customer Service Center GmbH**
**Europaplatz 3, 69115 Heidelberg, Germany**

Printed by Libri Plureos GmbH
in Hamburg, Germany